El Nacionalismo Vasco

F. García de Cortázar
J. Manuel Azcona

historia 16

*Esta obra ha merecido
el patrocinio cultural de:*

*Banco Exterior de España
Endesa
Fábrica Nacional de Moneda y Timbre
Renfe
Telefónica*

Rufino González, 23 bis
28037 Madrid

I.S.B.N: 84-7679-192-5
Depósito legal: M-24.138-1999
Impreso en España - Printed in Spain
Impresión: Talleres Gráficos Peñalara, S. A.
Ctra. Villaviciosa de Odón a Pinto, Km. 15,180
28946 Fuenlabrada (Madrid)

FERNANDO GARCIA DE CORTAZAR

Catedrático de Historia Contemporánea de la Universidad de Deusto. Especialista en Historia del País Vasco, Historia de la Iglesia y en Historia del mundo actual, materias sobre las que ha escrito numerosos artículos y libros. Profesor del Máster de Periodismo «El Correo Español-El Pueblo Vasco». Colaborador en distintos periódicos nacionales. Miembro de la Sociedad Europea de Cultura y académico correspondiente de la Real Academia de Historia. Sus libros más recientes, en colaboración con José María Lorenzo Espinosa, son: *Historia del País Vasco,* 1990; *Historia del mundo actual (1945-1989),* segunda edición 1990; *Los pliegues de la tiara. Los Papas y la Iglesia del siglo XX,* 1991.

JOSE MANUEL AZCONA

Profesor de Historia Contemporánea en la Universidad de Deusto, es doctor en Historia por la misma Universidad. Especialista en Historia del País Vasco y del mundo actual, es autor de una docena de artículos y colabora habitualmente en «El Correo Español-El Pueblo Vasco», donde escribe sobre temas de actualidad vasca e internacional. Sus publicaciones más importantes son, entre otras, la edición de los Volúmenes VI, VII y VIII del Aula de Cultura de «El Correo Español». «Causas que favorecieron la emigración vasca al Río de la Plata», en *Estudios de Geografía e Historia,* Bilbao, 1988. «El Pueblo Vasco se piensa a sí mismo», en *Cuenta y Razón,* n.º 49, mayo 1989. «América, el continente olvidado por la historiografía vasca», en *Revista de Indias,* sep.-dic. 1989. «El estilo de la Historia», en *Debates por una Historia viva,* Bilbao, 1991.

PROLOGO

AL abrirse el decenio que llevará a la humanidad a las puertas del siglo XXI, el empuje y la agresividad del nacionalismo rebosan la crónica de la centuria y definen mejor que ningún otro movimiento lo que ha sido esa secuencia de la historia del mundo. Nacido en una época feraz en ideologías y emociones, el credo nacionalista vino a aquietar la angustia del hombre occidental en una sociedad cada día más despegada de las certezas religiosas. En pocos años trasformó el planeta y en menos tiempo dejó ver su capacidad reclutadora y su fuerza de crispación. Conflictos, guerras, revanchismos tribales han entretejido la trama negra del principio de la soberanía nacional y su exaltación populista. La *lealtad suprema debida a la nacionalidad* que proclama el nacionalismo en seguida abandonó las tertulias culturalistas de los refinados románticos para incrustarse en el corazón de la protesta y reivindicación de límites y fronteras.

Mientras el liberalismo a hombros de la revolución burguesa pertrechaba a la persona de argumentos individuales de felicidad y libertad, el nacionalismo, no menos burgués, sacralizaba las patrias, determinando comunidades o pueblos. Muchas veces entraron en disputa y su tensión alimenta la biografía de la sociedad contemporánea. Como religión encubierta el nacionalismo ha mostrado una especial querencia a absolutizar principios abstractos —pueblo, patria, nación— y a exigir fidelidades más allá del propio y real entorno social. Porque ¿dónde poner las fronteras de esas comunidades imaginarias o qué criterios de vinculación nacional o de percepción telúrica emplear? En la historia no se han dado nunca sociedades culturalmente homogéneas, de ahí que la afirmación del principio de unidad nacional siempre se ha hecho borrando diferencias y aplastando discrepancias. Para ello los nacionalismos, rebosantes de rasgos etnocentristas y esencialistas, han impuesto un designio colectivo, las más de las veces rebautizado como histórico, que ha entrado en conflicto con el derecho primordial de la persona a elegir su propio proyecto de vida.

Si Schopenhauer pudo escribir con acierto *cada nación se burla de las otras y todas tienen razón* fue porque percibió el ingrediente de exclusivismo y xenofobia que la exaltación de lo singular y propio suele arrastrar. Asimismo la ambigüedad radical de esta ideología, vector de liberación anticolonial y aliento de expansionismos, ha dejado su rastro equívoco en distintos nacionalismos, democráticos y progresistas, unos; reaccionarios e imperialistas, otros. Sirvió para emancipar comunidades de tutorías onerosas o explotaciones despóticas así como para ponerlas a los pies de algún fanático o anestesiar su inquietud social y cultural.

Fuente inagotada de energía colectiva, el pensamiento y la práctica nacionalistas también han contribuido a modelar la sociedad española actual. Y esta ideología centenaria que ha sustentado o resistido regímenes distintos y asiste a la autoderrota de idearios coetáneos toma cuerpo y aliento en la política de España. De entre todas las manifestaciones nacionalistas que hoy forcejean en ese ámbito ninguna como el nacionalismo vasco representa mejor la ambivalencia y contradicción de una doctrina que ha originado movimientos de contrapuesto signo. Localismo y tradición, raza y religión, lengua y orden pero también violencia y contestación, laicismo y ecología, burguesía y proletariado, izquierda y derecha.

La historia del nacionalismo vasco es un memorial de agravios dirigido obsesivamente a España, la más vieja patria que sólo se nombra cuando se habla del extranjero. Recostado en el pasado hecho leyenda —Renan recordaría cómo se engrasan esas ideologías con el olvido colectivo y la amnesia—, el nacionalismo vasco tiene su mejor banderín de enganche en la persecución, que ya no sufre su tierra, en los derechos encabalgados en su caprichosa visión de la historia o en la afirmación de su primitiva identidad.

Pronto cumplirá cien años la doctrina que inventó Sabino Arana. Bajo diferentes formas y reivindicaciones, el nacionalismo vasco ha conservado intacta su primigenia hostilidad a *lo español* como seña de identidad y programa. Su buena fortuna electoral y el chantaje de los violentos acabarían por convertir en centro de la política en el País Vasco la cuestión de la nacionalidad vasca que el aranismo difundiera. Un siglo en la historia de esta tierra ha bastado para monopolizar la *esencia vasca* y plantear al Estado el grave problema de la soberanía.

Capítulo I

EL MUNDO ROMANTICO

HASTA hace bien poco la búsqueda de los antecedentes del nacionalismo vasco se centraba en la exploración del tinglado foral y su porción de autonomía. Todas las pesquisas trataron de rastrear los fondos de incipiente nacionalidad que la organización político-administrativa peculiar del País Vasco pudiera haber escondido. Meritorios trabajos han documentado la doctrina foral, su práctica y abandono, descubriendo apegos y frustraciones que tocaron el corazón del aprendiz carlista Sabino Arana. Sabemos ya que hay un largo trecho entre la parcela de autonomía que adjudicaba el sistema foral y la soberanía vasca que el fundador nacionalista reconociera en el pasado de su pueblo anterior a 1839. Caminos similares recorrieron otros románticos para quienes la realidad histórica también merecía ser sacrificada en beneficio del mito de la naturaleza eterna de las naciones. Por otro lado, poco le importaban a Sabino Arana tales desplantes a la historia del País Vasco, merecedora de ningún respeto al ofrecer tan escasos argumentos a su proyecto nacional:

Es tan desfavorable el juicio que la mayor parte de los actos trascendentales realizados por nuestros antepasados en el curso de nuestra historia me merecen, con acerbo dolor de mi alma y tan terrible la calificación que a los actos les daría y los cargos que le haría al sujeto, que tiemblo cada vez que me siento inclinado a tratar la historia de mi patria.

No escribió Arana la historia del País Vasco pero sí lo hicieron muchos de sus admiradores, desarrollando con cierto orden las intuiciones patrióticas de aquél. Gracias a la buena salud de la historiografía local, es fácil distinguir el trigo de la cizaña, lo real de lo ilusorio. Asimismo, la piqueta va entrando de lleno en las viejas mitologías, derrumbando los apoyos del pensamiento romántico y dejando en carne viva su raíz emotiva a la par que su visceralidad. Nadie mejor que el investigador y poeta Jon Juaristi está descubriendo el mundo de fabulaciones y leyendas donde han pastado las ideologías y sentimientos que entenebrecieron la mente del creador del nacionalismo vasco.

Mediado el siglo XIX, la enrevesada crisis social del País Vasco, interpretada en clave de identidad, fue la mejor tarjeta de presentación que facilitó la calurosa acogida que el Romanticismo y sus emociones recibieron aquí. La derrota militar del carlismo fue traducida como propia por muchos círculos vascos y la paulatina pérdida de consistencia de los Fueros, rematada con su abolición definitiva, darían entrada a uno de los periodos más alborotados de la historia del País, que se volvería con sobresalto e inquietud en busca de las señas de identidad que siempre se cree permanecen en el fondo del pasado.

Este movimiento emocional era correspondiente a una oleada de simpatía que el pensamiento de Herder había suscitado en Alemania y que aireado por Europa contribuía a la exaltación de culturas regionales y tradiciones populares. La pervivencia y la arcaica estructura del idioma vasco venía ofreciendo suficiente dosis de originalidad como para atraer a distintos estudiosos que visitaron el País Vasco en diversas ocasiones de los siglos XVIII y XIX. Entre ellos, Humboldt, discípulo de Herder, dio fe de las primeras inquietudes de los vascos por disecar las raíces de una identidad colectiva, que tras la guerra de la Convención se diluía con celeridad.

Contagiado de sentimentalismo y exaltación popular, el Romanticismo, mejor que ningún otro movimiento literario, prendió en la mancomunidad vasca mucho más dada a los efluvios y descargas emocionales que al rigor y complejidad de la filosofía. Varios escritores se sintieron identificados con los postulados románticos, aportando sus defensas y apologías en favor de la lengua y costumbres vascas. Toda esa tramoya sostendrá durante largo tiempo el friso de la filología romántica con su veneración religiosa a la lengua *original* y su naturaleza sempiterna.

El nacionalismo vasco fue concebido entre delirios románticos y seudoteorías de raza, pueblo y lengua, con la huella inequívoca, arcaica y reaccionaria del movimiento que lo inspiró. En la cabeza de Sabino Arana, ese combinado estallaría cuajando en una ideología política obstinaz y agónica que arranca del mito de la nación vasca y su enconada salvaguardia.

La diferencia que es excelsitud y preeminencia no se la inventaron los entusiastas románticos; desde el siglo XVI existía un nutrido repertorio de bienaventuranzas vascas, divinas predilecciones y antigüedades insondables. En un libro publicado en 1587 el licenciado Andrés de Poza afirmaba rotundamente que la lengua vasca pertenecía al conjunto de las setenta y dos lenguas *babélicas,* consideradas predecesoras de todas las demás. Su esfuerzo apologético fue aún más allá, al tratar de demostrar la superioridad del idioma vasco frente al hebreo y consiguientemente la privanza divina con el verdadero pueblo elegido. De esta forma, apenas sí tuvieron que fantasear los sacerdotes vizcaínos Juan Antonio Moguel (1745-1804) y Pablo Pedro de Astarloa (1752-1806) cuando discurrieron en torno a la antigüedad y bondad del pueblo vasco y su lengua.

De ellos arranca el romanticismo vasco y toda la apología ruralista que formaría el núcleo de la cosmovisión nacionalista. El mundo campesino está repleto de virtudes y excelencias; sólo él contiene el germen de la regeneración del pueblo vasco y la garantía de su perseverancia en la religión.

La condena del hombre moderno y la glorificación del primitivismo campesino inspiraron al cura Juan Antonio Moguel el primer conato de novela, escrito en el vascuence de la zona de Marquina. Su *Peru Abarca,* con prólogo en español, es el canto de cisne de la vieja sociedad, la defensa apasionada de la utopía romántica cocinada en los pucheros de la reflexión filosófico-teológica del tradicionalismo europeo. Con resonancias rousseaunianas del buen salvaje, el librito de Moguel deja bien claro que el buen vasco es aquél que defiende con uñas y dientes los valores de la aldea, su *profunda sabiduría,* el idioma, el laboreo agrícola, la familia y la religión.

En la misma longitud de onda se movió el también clérigo Pablo Pedro de Astarloa, quien a pesar de no haber escrito más que en castellano contribuyó como nadie a fomentar la curiosidad por el vascuence. Con el *astarloísmo* entramos de lleno en la mitología filológica romántica. En el paraíso terrenal, Dios infundió al hombre el euskera al mismo tiempo que introdujo en su alma el instinto religioso. No ha llegado hasta nosotros la Gramática de Astarloa que conoció Humboldt pero sí su teoría, muy de la época, sobre la significación natural de las letras en la lengua vasca. Según ella, la *a* es sinónimo de fuerza varonil mientras que la *e* lo es de feminidad, ejemplarizándose esta fantasía en el llanto de los niños, emisor de sonidos de una u otra vocal, acorde con su sexo.

Por muy grotescas que puedan parecer hoy semejantes elucubraciones es indudable que tuvieron un buen número de seguidores y que contribuyeron a enriquecer el bagaje ideológico sustentador de la originalidad vasca y de la grandeza de su linaje. El desarrollo de la narrativa romántica en el País Vasco sirvió, asimismo, para amortiguar el vacío y la desorientación iniciales que había provocado la crisis de la historiografía foralista, puesta en entredicho por el canónigo riojano Juan Antonio Llorente en sus corrosivas *Noticias Históricas de las Tres Provincias Vascongadas* (1806-1808). Sin apartarse de la mitología tradicional relativa a los vascos, los historiadores fueristas habían llegado al siglo XIX repitiendo, entre otros, los viejos sonsonetes de la nobleza de sangre que el jesuita Manuel Larramendi (1690-1766) atribuyera a los guipuzcoanos: *tan pura y tan tersa que no la habido mayor y fue el principio de toda la limpieza de sangre española.* Los actuales nacionalistas gustan de presentar a Larramendi como el primer independentista vasco y antecesor del nacionalismo de Sabino Arana, cuando en realidad se trata de un antiabsolutista radical y un no menos apasionado foralista. Bien es verdad que aunque recoge y amplía la ideología regionalista de los siglos anteriores, el vasquismo cultural adquiere en la obra de Larramendi una dimensión distinta a la que pudo tener en la sociedad medieval. Sus alegatos se dirigen por primera vez contra la burguesía y el estamento nobiliar, acercando su lenguaje y sus intenciones a las clases populares y separándose de los componentes de la Ilustración vasca, especialmente de la Vascongada a la que mira con escepticismo e indiferencia.

Los hijos de Aitor

A quien sí se le puede adjudicar una cierta paternidad del nacionalismo vasco es al escritor francés Joseph-Augustin Chaho (1811-1858), tal como pretende en la actualidad algún sector de la izquierda nacionalista, deseoso de encontrar antecedentes intelectuales más honorables que los provenientes de Sabino Arana. Nacido en Tardets (Soule) en el seno de una familia de hidalgos venida a menos, Chaho ingresó en el seminario de Oloron, donde cursó estudios de humanidades, trasladándose a París en los días de la revolución de 1830. Allí estudia lenguas orientales y alterna en el salón literario de L'Arsenal, corazón del romanticismo católico-monárquico de la Francia de Luis Felipe de Orleans. Al mismo tiempo se apasiona con la literatura teosófica de los iluministas franceses de las postrimerías del XVIII y se introduce en un mundo esotérico de fabulas y leyendas.

En 1838, Chaho marcha a Toulouse y crea una revista iluminista en la que publicaría un artículo que le obligaría a huir de la ciudad para refugiarse en su tierra natal. En Bayona es herido en un duelo y a partir de 1848 edita un periódico republicano, exilándose en Vitoria a raíz del golpe de Estado de Luis Napoleón Bonaparte de diciembre de 1851. De vuelta a Bayona en 1853, le sobrevino la muerte cinco años más tarde.

No faltan rasgos contradictorios en la personalidad de este vascofrancés ocultista, republicano y anticlerical pero defensor y glorificador del carlismo, monárquico y piadoso. Para Jon Juaristi existen abundantes indicios que permiten sospechar que Chaho actuó como agente provocador a las órdenes de los legitimistas franceses, primos hermanos de los carlistas españoles, a quienes nunca dejó de ayudar. Un panfleto defendiendo la causa de Carlos María Isidro fue su primera obra que ya contenía un argumento peregrino: los secuaces vascos del pretendiente nada tenían que ver con el absolutismo clerical del levantamiento sino que se aprovechaban de éste para alcanzar su verdadero propósito, la liberación nacional del pueblo vasco. Esta original interpretación de la contienda carlista como guerra nacional, ajena al conflicto dinástico español, sería desarrollada con más extensión en el libro *Voyage en Navarre pendant l'Insurrection des basques,* su trabajo de mayor influjo y difusión, y conseguiría notable arraigo en la historiografía nacionalista. Por mucho que el carlismo se asemejara en el País Vasco a una insurrección en masa de la población entera, nadie podría demostrar que los seguidores de Don Carlos consiguieran semejante movilización con el reclamo de una identidad nacional atropellada. No fue la hostilidad de la periferia contra Castilla la bandera de los carlistas sino el odio del campesinado a las ciudades y el miedo rural a las trasformaciones socioeconómicas de los liberales y a su sentimiento anticlerical. El horror del tradicionalismo europeo a la fuerza creadora del siglo y a la modernidad.

Más de medio siglo antes que Sabino Arana, el iluminista Chaho hablaba del pueblo vasco como nacionalidad oprimida por España, de tal forma que en su perspectiva la historia de Euskal Herria no era sino la crónica de una heroica resistencia nacional, cuyo más reciente símbolo lo constituía la guerra carlista. El feroz antiespañolismo de Chaho y su xenofobia militante también refuerzan su imagen de Juan Bautista, precursor de la buena nueva del nacionalismo vasco.

Aunque escribió casi exclusivamente en francés, Chaho se ocupó del estudio gramatical del vascuence y de la cultura e historia vascas, sobre las que dejó volar su fantasía y su capacidad de fabulación, aderezadas con ingredientes de tradiciones iniciáticas y viejas cosmogonías. Su más exitosa invención se refiere a un supuesto patriarca ario, origen de la raza vasca, a quien llamó Aitor, nombre que hoy eligen miles y miles de vascos. El virulento antisemitismo de Chaho habría de lograr lo que el rigor cientifico no pudo: enterrar el mito de Túbal —el tubalismo—, que emparentaba a los vascos con los antepasados bíblicos del pueblo judío.

A pesar del lenguaje esotérico y de las tediosas narraciones de Chaho, fue grande el número de imitadores que se lanzaron a fantasear tradiciones, folklores y arrobamientos, teniendo como denominador común la grandeza del linaje vasco y su remota antigüedad. Uno de los autores más representativos de esta tendencia es, sin duda, el navarro Francisco Navarro Villoslada (1818-1895), quien tras militar en el liberalismo pasó a engrosar la nómina del carlismo más reaccionario. Escribiría poesía, ensayos, comedias y obras históricas. Lo más conocido y jaleado de su producción, empero, lo constituye su novelerío histórico y sobre todo *Amaya o los vascos en el siglo* VIII, publicada tres años después de la abolición de los fueros vascos. No bastante con tratarse de una narración soporífera, *Amaya* fue leída con devoción por la generación de Sabino Arana y aún hoy cuenta con numerosos aficionados.

Como réplica conservadora a la novela realista española, *Amaya* tuvo éxito entre los tradicionalistas, a pesar de sus evidentes carencias literarias. Con su interpretación ranciamente católica de la génesis de España como nación, al estilo de su correligionario Aparisi y Guijarro muerto unos años antes, Navarro Villoslada daba satisfacción a todos aquellos que la revolución liberal había asustado. Mediante la incorporación de viejos mitos de la historiografía vasca puso de su lado a todo el fuerismo que hizo de *Amaya* su lectura favorita así como también el primer nacionalismo vasco.

La tierra apacible

La imagen de un País Vasco placentero y amable sería trasmitida por el romanticismo melifluo del vizcaíno Antonio de Trueba (1819-1889), autor de poemas, cuentos y narraciones costumbristas de gran éxito en un público cansado de la agitación y novedades de la época. En una huída continua de la realidad, el popular escritor suministró el alimento apetecido por quienes deseaban olvidarse de su entorno alborotado. Todo es bonanza en la tierra que describe Trueba con ingenuidad pueblerina y optimismo bobalicón. Las tradiciones, las costumbres apegadas al hogar familiar, la campechanía natural, la piedad de siempre, el amor a la aldea componen el decálogo reaccionario del entusiasta escritor, que, nombrado cronista y archivero de la Diputación vizcaína en 1862, se entregó en cuerpo y alma a la difusión del fuerismo.

Una sociedad sin tensiones teniendo como centro la mística campesina fue el manido argumento del tradicionalismo costumbrista de Trueba contra el liberalismo y la conmoción industrial.

Con sus *aldeanitos de cartón* que dijera Unamuno, *Antón el de los Cantares* ensalzó la Arcadia vasca, contribuyendo a estrechar aún más los vinculos entre el fuerismo y el ruralismo, que pregonaba la superioridad moral de la vida labriega. Más tarde, Sabino Arana explotaría las potencialidades de esta visión idealizada del mundo rural como vehículo de afirmación nacional. Pero los tiempos no estaban para *cuentos de color de rosa* y quienes, como Trueba los escribieron, cayeron irremisiblemente en el anacronismo y la cursilería.

Los empalagos de Trueba anestesiaron a un grupo de escritores vascos que, carentes de cualquier atisbo de originalidad, siguieron remachando la imaginería bucólica del País Vasco, sobre todo cuando la ley abolicionista de los fueros inauguraba en 1876 una época nueva. El paraíso perdido de la pasión política no era otro sino el mundo feliz del igualitarismo rural, perturbado ahora por la inmigración y el empuje industrial. Antes de acabar el siglo, una segunda generación, la de los nacidos en torno a 1850 toma el relevo de la cultura romántica y la dirección del movimiento literario fuerista agraviado por la abolición. Agrupados en distintas sociedades como la *Euskalerría* de Bilbao o la *Asociación Euskara* de Pamplona y publicando en revistas de su filiación se dieron a conocer algunos autores de obras de carácter histórico y legendario. Nunca sus nombres hubieran traspasado las fronteras de las hemerotecas ni sobrevivido a la difusión pasajera de sus escritos, si éstos se hubieran originado en un ámbito literario de mayor enjundia o no los rescatara el deseo de encontrar parientes al nacionalismo vasco. En esta línea son recordados los fueristas de la *Asociación Euskara* por haber formulado el lema *Zazpiak bat* (siete en una), que proclama la común entidad vasca de Alava, Vizcaya, Guipúzcoa y Navarra compartida con tres provincias francesas.

El militar navarro Nicasio Landa (1831-1891) rememoró las hazañas de los guerreros vascos en su obra *Visión en la niebla,* mientras que su paisano y correligionario Juan de Iturralde y Suit (1840-1906) publicó varios tomos con leyendas relativas a la historia del reino de Navarra. De los mismos mitos románticos se alimentó la obra del alavés Ricardo Becerro de Bengoa (1845-1902), no obstante su talante más liberal y su fuerismo casi federalista. Fue Vicente Arana (1846-1890), primo del creador del nacionalismo vasco, quien en la novela *Jaun Zuría* o *el Caudillo Blanco* dio cuerpo a la leyenda de la batalla de Arrigorriaga con el levantamiento del primer señor de Vizcaya. Sobre todos ellos destaca la figura del navarro Arturo Campión (1853-1937), lingüista y autor de leyendas y novelas históricas.

Sin embargo, el fuerismo concreto o difuso de la sociedad vasca, su conciencia de singularidad y vago amor a la libertad no se agotaban en las tediosas páginas de los escritores románticos. Antes al contrario, salpicaban las predicaciones de los púlpitos y se colaban en el cancionero popular. Quien mejor simboliza la popularidad de la idea foral es el cantautor guipuzcoano José María de Iparraguirre (1820-1881) con su himno al árbol de Guernica. Antiguo voluntario carlista, había tenido que exilarse en Francia al no aceptar el Convenio de Vergara que suscribieron sus camaradas. En París aprendió a cantar y a dejarse arrastrar por la emoción liberal de los días revolucionarios de 1848. A mediados de siglo, el *bardo vascongado* poco tenía que ver con la ideología que le había empujado a coger las armas; acababa de enterarse del simbolismo del Arbol de Guernica y del significado de los Fueros y en un café madrileño lo cantaría por vez primera en 1853. Nacía así el *Guernicaco arbola, la Marsellesa de los vascos,* que los fueristas vizcaínos se darían prisa en difundir mientras su autor lo cantaba en Guipúzcoa.

Miles de voces interpretarían pronto el himno de Iparraguirre y, de esta forma, la música entraba de lleno en la historia vasca como vehículo de expresión política. No exageraba el senador Egaña cuando en su discurso de junio de 1864 sobre los Fueros recordaba el arrebato que suscitaba el bardo con su canto foral. La multitud *se movía apiñada y loca de entusiasmo* y en un momento de la canción *hincaba la rodilla en la tierra* y *se postergaban las seis mil boinas como si fueran movidas por un resorte o heridas por una impresión magnética y se descubrían la cabeza,* mientras que en otra parte del himno *levantaban al aire sus nervudos brazos para jurar, como los antiguos cántabros, morir por las santas leyes de sus padres.*

Años más tarde, el *Guernicaco arbola* sería duramente criticado por Sabino Arana, que condenó su sentido universalista y calificó su letra de antipatriota; sin embargo, a medida que pasaba el tiempo cada vez se identificaba más con el País Vasco, convirtiéndose en su mejor conocida representación musical. Por encima de los himnos nacionalistas, el *zortzico de* Iparraguirre dio rienda suelta a las emociones de multitud de vascos, cuyos sentimientos telúricos les ataban a su tierra y a sus tradiciones idealizadas, con tanta mayor fuerza cuanto más empeño se ponía desde fuera en recortar su singularidad.

BIBLIOGRAFIA

Gracias a las investigaciones de los últimos tiempos sabemos que Arana y Goiri, aun cuando sacó de su propia cosecha buena parte de sus tesis políticas, bebió en no pocas ocasiones de las obras de los escritores tardorrománticos vascos, los llamados *fueristas.*

En efecto, tras la derrota carlista de 1876 y la llegada de la ley abolicionista de 21 de julio de aquel año, los defensores de los privilegios vascos se refugiaron en la literatura para, a través de la novela histórica, la leyenda, o el poema legendario, configurar todo un movimiento literario prenacionalista que dejará huella posterior en Sabino Arana.

Con indudable maestría y abundantes dosis de elegancia escrita Jon Juaristi, en sucesivos trabajos a cual más interesante, ha publicado en *Cuadernos de Alzate* n.° 1, Invierno 1984-85; y también «Las fuentes ocultas del nacionalismo vasco» en *Cuadernos de Alzate* n.° 7, sep-dic., 1987. En la obra colectiva: *Arte en el País Vasco,* Editorial Cátedra, Madrid, 1987, Jon Juaristi se encargó de analizar la literatura contemporánea del País Vasco ofertando novedosas aportaciones. Pero quizás el libro que mejor reúna lo que hasta aquí hemos comentado es *El linaje de Aitor, la invención de la tradición vasca,* Editorial Taurus, Madrid, 1987, escrito también por Juaristi. En él se examina la literatura histórico-legendaria que no fue sino la vertiente literaria del fuerismo y de la que muy pocos autores se han ocupado. Con brillantez, Juaristi desarrolla una trama que introduce al lector en la invención de la tradición vasca que llevaron a cabo los *románticos vascongados.*

Puede asimismo consultarse para conocer el movimiento fuerista el libro de SOLOZÁBAL ECHEVARRÍA, J. J., *El primer nacionalismo vasco,* Tucar Ediciones, Madrid, 1975, obra que fue importante en el momento de su publicación, y cuyo contenido aún hoy sugiere agradables ideas. El trabajo de CORCUERA ATIENZA, J., *Orígenes, ideología y organización del nacionalismo vasco,* Editorial Siglo XXI, Madrid, 1979, dotada del máximo rigor científico nos lleva, de la mano de un texto bien escrito, al conocimiento exacto del desenvolvimiento político y cultural del movimiento fuerista. Son muy útiles para este primer capítulo de nuestro libro las páginas que Corcuera Atienza dedica al prenacionalismo. Véase asimismo, en esta línea, ELORZA, A., *Ideologías del nacionalismo vasco,* Editorial Haramburu, San Sebastián, 1978, donde se narra el origen del nacionalismo vasco en Navarra así como la ideología y organización del primer nacionalismo vasco o la cuestión agraria en la evolución del mismo. Para completar este panorama pueden leerse LARRONDE, Jean-Claude, «Orígenes del nacionalismo vasco» en *Historia del Pueblo Vasco,* Editorial Erein, San Sebastián, 1979; AROSTEGUI, Julio, «El carlismo y los Fueros vasco-navarros» en *Historia del Pueblo Vasco,* Editorial Erein, San Sebastián, 1979. BELTZA recoge aportaciones de sólida factura en *Del carlismo al nacionalismo burgués,* Editorial Txertoa, San Sebastián, 1978. Recientemente publicada, la obra de MARTÍNEZ-PEÑUELA, Araceli, *Antecedentes y primeros pasos del nacionalismo vasco en Navarra,* Publicaciones del Gobierno de Navarra, 1989, esclarece algunos aspectos de los comienzos nacionalistas del Viejo Reino.

Una postura duramente crítica hacia el nacionalismo originario la ofrece ZUBILLAGA, Jesús María, *Nacionalismo vasco, orígenes y desatinos,* Madrid, 1978. Para una visión comparada del nacionalismo vasco con otros nacionalismos o regionalismos españoles, véase V.A., *La comunidad ibérica de naciones,* Editorial Ekin, Buenos Aires, 1945; CARRETERO y JIMÉNEZ, Anselmo, *Las nacionalidades españolas,* México, 1957. V.A., *Documentos para la historia del regionalismo en España,* Instituto de Administración Local, Madrid, 1977, donde puede encontrarse abundante material de apoyo a la investigación. CIRUJANO MARÍN, Paloma, *Historiografía y nacionalismo español (1834-1868),* Madrid, CSIC, 1985, con estudio bibliográfico incluido. V.A., *Nación y nacionalidades en España en los siglos XIX y XX,* Ediciones de la Fundación Singer-Polignac, París, 1985. RECALDE, José Ramón, *La construcción de las naciones,* Editorial Siglo XXI, Madrid, 1982.

Para situar el nacionalismo vasco en el contexto general del resto de los movimientos nacionalistas que surgen en la Europa del pasado siglo, es preciso comenzar por la lectura de ELEIZALDE, Luis, *Países y razas, las aspiraciones nacionalistas en diversos pueblos,* Imprenta Viuda e Hijos de Grijelmo, Bilbao, 1914. El autor, en un intento de autodefensa de los postulados aranistas, compara y reivindica para sí el derecho del pueblo vasco a constituirse en nación, derecho que hace común al resto de las supuestas *nacionalidades* de nuevo cuño que se gestaron a comienzos del siglo XX por toda Europa. Prevalecen en la obra los conceptos de raza, idioma y fronteras humanas. Interesante por la abundancia de datos que ofrece es el libro de KOHN, H., *Historia del nacionalismo,* Editorial Fondo de Cultura Económica, México, 1949. ROVIRA y VIRGILI, A., en *Historia de los movimientos nacionalistas,* Editorial Minerva, Barcelona, 1930, muestra todos los nacionalismos existentes en el Viejo Continente a finales del siglo XIX y principios del XX. Más próximos a nuestro tiempo por las fechas de publicación y también de interés para completar el concepto general de nación y nacionalismo son las siguientes obras: BENAERTS, Pierre y otros, *Nationalité et Nationalisme (1860-1878),* P.U.F., París, 1968. FISHMAN (ed.), *Problemas de la lengua en los países desarrollados,* Nueva York, 1968. TILLY, C. (ed.), *La formación de los estados nacionales en la Europa occidental,* Princeton, 1975. SZÜCS,

J., *Estudios sobre nación e historia,* Budapest, 1981. ARMSTRONG, J., *Naciones antes que nacionalismo,* Chapel Hill, 1982. BREUILLY, J., *Nacionalismo y Estado,* Manchester, 1982. ANDERSON, B., *Comunidades Imaginadas,* Londres, 1983. GELLNER, E., *Naciones y nacionalismo,* Oxford, 1983. HOBSBAWM y otros, *La invención de la tradición,* Cambridge, 1983. SMITH, A. D., *Teorías del nacionalismo,* Londres, 1983. HROCH, M., *Precondiciones sociales del renacer nacionalista en Europa,* Cambridge, 1985. KEDOURIE, E., *Nacionalismo,* Editorial Centro de Estudios Constitucionales, Madrid, 1985, atractivo ensayo que posibilita el conocimiento de los orígenes de la ideología nacionalista a finales del XVIII. HOBSBAWM, *Naciones y nacionalismo desde 1870,* Cambridge, 1990. BREUILLY, J., *Nacionalismo y Estado,* Editorial Pomares Corredor, Barcelona, 1990.

Este último libro, de reciente aparición en el mercado español, y que anima, ampliándolo a la vez, el cómputo general de los estudios sobre nacionalismo de corte internacional, concede a los aspectos políticos de cualquier movimiento nacionalista toda la importancia que en sí mismos merecen. En opinión del autor (y así pretende demostrarlo), el nacionalismo trata, por encima de todo, sobre cuestiones políticas. Si se tiene en cuenta que en el mercado moderno el poder se consagra sobre todo a la tarea de controlar el Estado, la cuestión primordial de cualquier estudioso del nacionalismo debe consistir en relacionar éste con el objetivo de obtener y utilizar el poder del Estado dice, Breuilly. La combinación de este criterio con las tres grandes premisas potenciales de todo movimiento nacional (separación de una organización política preexistente, reforma de la misma o unificación de distintas organizaciones políticas) diseña el argumento central de esta obra de indudable buena factura.

Los dos autores que —en nuestra opinión— mejor han estudiado los distintos fenómenos nacionalistas, tanto españoles como extranjeros, son Andrés BLAS GUERRERO y Fernando SAVATER. El primero, en su libro *Nacionalismo e ideologías políticas contemporáneas,* Espasa-Calpe, Madrid, 1984, inicia una seria reflexión acerca de los conceptos *nación política* y *nación cultural,* a la vez que lleva su trabajo hacia otros derroteros no carentes de atractivo como puede ser el análisis de nacionalismo y liberalismo o nacionalismo marxista.

Savater, por su parte, en *Contra las Patrias,* Tusquets Editores, Barcelona, 1984, hace un llamamiento contra la obsesión por la búsqueda de identidad de ciertos nacionalismos prefabricados. A la vez, criticará la utilización de la peculiaridad cultural como fundamento estatalista, descalificando *la exaltación del ombligo propio por medio del denigramiento de lo ajeno,* toda vez que censura a ciertos nacionalismos por el uso de *símbolos sanguinarios, banderas, himnos y mártires de dudosa validez exclusiva.*

Capítulo II

LA DERROTA DE LA TRADICION

SE doblaba la primera mitad del siglo cuando tienen lugar cambios importantes en el orden económico y político. Europa vive inmersa en una era de plena pujanza y creación, olvidada ya de la agitación napoleónica. Sobresalientes descubrimientos científicos y otras tantas innovaciones técnicas le acercaban al punto culminante de su poder. Duermen aún los futuros gigantes, Estados Unidos y Rusia, cuando el crecimiento extraordinario de la población europea y el monopolio de las fuerzas producidas por la revolución industrial permiten hablar de una verdadera hegemonía del viejo continente.

Es cierto que esta superioridad la monopolizan unos pocos, Inglaterra, Alemania, Francia... y que los demás europeos apenas consiguen asemejárseles. No menos verdad es que en lugares como Irlanda se muere literalmente de hambre y que miles de irlandeses, italianos, griegos... atraviesan el Atlántico, buscando remedio a una situación trágica. Pero en esta Europa que desborda habitantes por sus cuatro costados se funden por vez primera en la historia de la humanidad la ciencia, el capital y el ingenio innovador. El resultado habría de ser un aumento de la producción como nunca se diera hasta entonces.

Nada simboliza mejor esta época que el desarrollo de los medios de transporte. La revolución ferroviaria, la sustitución de los viejos buques de madera y vela y la apertura de un sinnúmero de vías de comunicación no pueden entenderse sin esa formidable explosión universal de la vitalidad europea que sobreviene en estos años.

El músico Verdi no ha escrito todavía la ópera que solemnizará ante las cabezas coronadas de Europa la inauguración en

Suez del canal que acortará el camino hacia Asia, pero ya el concepto de *mercado mundial* circula velozmente entre los hombres de negocios. Es aún un concepto un tanto optimista, más ideal que real, extraído de movimientos e intercambios comerciales entre todas las regiones del globo pero simboliza mejor que nada la ambición y la necesidad que hay detrás de la expansión económica de Europa. Poco después, las teorías de Marx y Darwin, entre otros, van a dar un sentido social y biológico a la lucha por ese mercado. Racionalizarán el vitalismo de una aristocracia de nuevo cuño: la burguesía comercial, industrial y financiera.

Nada más señalado en este periodo que el papel preeminente que desarrolló Inglaterra como generador de innovaciones técnicas, soluciones racionales y métodos de explotación económicos que pusieron en mano de las fuerzas sociales una capacidad productiva mayor que la que habían disfrutado juntas todas las generaciones precedentes.

Claro que no todo fueron luces en tan distinguido siglo. La misma pujanza y espectacularidad del desarrollo, el fulgor de las posibilidades de progreso y la soberbia de creerse en el mejor de los mundos posibles hicieron desdeñar y olvidarse de otras graves situaciones.

La burguesía triunfante y orgullosa de sus realizaciones no consiguió impedir que en su camino quedaran los jirones de una sociedad desigual y con marginaciones escandalosas. Junto a los vocablos *liberalismo, capitalismo, industrialismo* o *democracia* aparecen otros contrapuestos, *socialismo,* lucha de clases, *igualitarismo*.

Sin embargo, la presencia española en ese colectivo poderoso empezó a ser de una insignificancia preocupante. El retraso económico se relacionará con un parejo estancamiento político, social y cultural. Y la visión europea de España como algo exótico y marginal tomó cuerpo intelectual, a pesar de algunos esfuerzos aislados y de otros proyectos desesperanzados por evitarlo. Una mayoría de individuos y clases sociales o desconocen en su mayor parte la realidad europea o son meros espectadores de ella. Es cierto que, como fase histórica, esta segunda mitad del siglo se convirtió en una encrucijada fundamental para la afirmación de la España moderna. Pero el desarraigo del entorno y la permanencia al margen de los centros del poder harán de estos años una trayectoria penosa y dependiente, cuyas consecuencias habrá de soportar durante generaciones.

Así y todo, algunos factores impedirán que el retraso español se llegue a convertir en catástrofe o en subdesarrollo definitivo. En este período, y más concretamente en el último cuarto de siglo, se produce un fenómeno demográfico notable, consistente en la conversión a proporciones modernas de los procesos de natalidad y mortalidad. Persisten algunas epidemias, cólera, fiebres... pero las vacunas y el desarrollo de las medidas higiénicas y preventivas favorecen un crecimiento poblacional, al mismo tiempo que va descendiendo la tasa de morbilidad. La favorable evolución de la población permitirá la aparición de los primeros contingentes de excedentes laborales campesinos y, de inmediato, las primeras cifras importantes de emigración.

El urbanismo, como proceso de ensanche de las ciudades, se produce poco después de que el desarrollo industrial de la periferia absorbiera la mano de obra excedente. Los proyectos urbanísticos de Barcelona, Madrid, San Sebastián y Bilbao, en esas fechas, son los adelantados españoles que reflejan el modo de crecimiento de la nueva sociedad.

También España tuvo su propia *revolución ferroviaria* hecha con más pena que gloria para la economía nacional. Diseñada desde los tiempos fernandinos, aplazada por la guerra carlista y finalmente entregada a la iniciativa extranjera, cuando en la década de los setenta se intentó limitar esta intervención ya estaba dibujado el trazado esencial... Y se había perdido la primera oportunidad de fomentar el desarrollo industrial. Claro que no podía haber sido de otro modo, a la vista de la insignificante capacidad de producción de la industria española todavía en fase artesanal.

En 1834, Chateaubriand pensaba que si Europa caminaba hacia la democracia era gracias a la influencia del pensamiento francés y al poder económico del liberalismo británico. Estos eran los elementos que se iban a cruzar y sumar a lo largo del siglo XIX para asestar, antes o después según las naciones, el golpe de gracia al anacrónico sistema anterior. En España, donde casi todo seguía siendo de prestado y tardío, el liberalismo que se debatía entre dos opciones vacilantes contempló el paso de las décadas con timorata precaución, sólo rasgada en contadas ocasiones; lo que a la postre le llevó a su defección histórica. Moderados y radicales, cada uno en su oportunidad, dieron lustre algún tiempo al mejor reformismo hispano. Pero aquellos por exceso de confianza en dirigentes ilustrados y éstos ahogados en su minoridad o paralizados por el pánico al radicalismo popular, terminaron dejando en peores manos la tarea de modernizar y liberalizar al país.

El gran salto adelante

Cuando el País Vasco se salvó por unos años, como España entera, de la amenaza carlista, con su doctrina extemporánea y su anquilosamiento social, la burguesía liberal rectora de las principales ciudades vascas comenzó su carrera en pro del desarrollo industrial de su tierra. Al amparo de la Constitución de 1876, amplios sectores de la sociedad vasca se integraron en el sistema político de la Restauración y hasta los fueristas no radicales terminaron por aceptar los dos grandes partidos del régimen. Con todos sus defectos, la práctica canovista tuvo en el País Vasco positivos efectos de liberalización ideológica y política, que vinieron acompañados de una mayor tolerancia y flexibilidad.

Todo un conjunto de sucesos económicos, conocidos bajo la denominación genérica de industrialización, fueron los que dieron al País Vasco su actual significado constituyendo sin duda el fenómeno histórico de mayores proporciones en toda la era moderna. La secuencia de efectos que provocaría superaron el ámbito de lo económico, al desbordarse ampliamente en los campos demográfico, urbanístico, sociológico y político, sin olvidar sus influencias derivadas en lo cultural, lingüístico, religioso.

La fuerte dependencia entre el proceso industrial y las condiciones políticas en que se produjo, tiene su factor explicativo en la participación activa de los agentes de esta industrialización —obreros y empresarios— como protagonistas de la vida pública, desde el mismo punto de partida de la fase de trasformación. En la misma encrucijada histórica desaparecieron los vestigios más anacrónicos del fosilizado sistema foral y emergieron dos clases sociales que, desde entonces, no han dejado de ostentar las riendas del poder y la contestación. Sería esta dinámica social la que sirviera de base, desafío y aliciente para toda la construcción histórica que ha desembocado en el País Vasco actual.

La cultura del hierro

Sin olvidar la transformación industrial de los valles guipuzcoanos y su peso específico en el total del proceso económico vasco, la primacía de Vizcaya resulta abrumadora. Desde el último cambio de siglo, los rasgos diferenciales observados en épocas anteriores se afirmaron, consolidando una hegemonía directora del proceso industrializador en favor de las fábricas que trabajaban en la ribera del Nervión bilbaíno.

La siderurgia se convirtió en seguida en la palanca de tan espectacular desarrollo. Al proporcionar el mayor porcentaje del producto industrial provincial se ha podido hablar de un monocultivo del hierro favorecido por el tono proteccionista que adquirió en el siglo XX la política económica de los gobiernos y apoyado en las condiciones de dependencia que la propia siderurgia había creado a su alrededor. Esta especialidad mantuvo la supremacía sobre todo cuando la industrialización se extendió por las demás provincias a impulso de la trasformación del producto suministrado por las fábricas de raíz bilbaína.

Entre los promotores de la moderna siderurgia podemos hallar, desde antes de mediados del siglo XIX, a comerciantes enriquecidos y a los principales apellidos relacionados con la exportación de hierro. La emulación capitalista y el deseo de obtener mayores beneficios siguiendo el ejemplo de la próspera clase industrial europea fueron los motores del cambio de actitud de la burguesía vizcaína. De este modo, la ambición económica de un reducido grupo de burgueses comerciantes y mineros se convertía, a finales del siglo XIX, en el eje primordial de los cambios sociales modernos en el País Vasco. Estas transformaciones llevadas a cabo por unas pocas familias incluyeron alteraciones tan radicales en las bases productivas y sociales que es imposible reconocer hoy en la sociedad vasca actual los elementos principales que caracterizaban al período preindustrial.

A las puertas del nuevo siglo todo empezaba a ser diferente en un País Vasco, cada día más poblado y rico. Un mundo de iniciativas, ideas y proyectos mercantiles dan su carácter a Bilbao, que ya ha saltado sobre su ensanche natural en dirección al Abra. La villa se expande buscando por su ría la salida al mar comercial y poniendo atraques en los desembarcaderos del mineral y en las mismas puertas de las fábricas siderúrgicas. Pronto la industrialización dejará arrumbados los modos de vida tradicionales y la imaginería romántica y aldeana, al tiempo que una sociedad nueva más heterogénea y plural convertía en puro anacronismo cualquier apaño ideológico que pretendiera parar el reloj de la historia.

Las rojas hormigas

Las tierras vascas, que habían sido terreno proverbial de emigración al no poder mantener con sus escasos recursos agrícolas el equilibrio demográfico, cambiarían el signo de sus estadísticas poblacionales desde el arranque mismo de su revolución industrial. Primero Vizcaya y luego Guipúzcoa recibieron sucesivas oleadas de trabajadores, cuyo lugar de origen se localiza con preferencia en las provincias castellanas limítrofes pero también se alarga hasta el sur y el oeste peninsulares.

El Dorado vasco, como mercado de trabajo, no era precisamente apetecible. La mano de obra se reclamaba para duras y peligrosas labores (minas, siderúrgicas, construcción...) pero la oferta se dirigió hacia zonas rebosantes de campesinos y jornaleros que dependían del trabajo temporal y con misérrimos niveles de vida. De esta forma el despegue económico de las provincias marítimas vascas fue la tabla de salvación, aunque penosa, para estos colectivos que acudieron en masa a su reclamo con la esperanza de superar sus condiciones de mera supervivencia.

Los emigrantes completaron, junto a los propios vascos que desde las comarcas rurales se encaminaban también a las nuevas zonas fabriles, la nómina de la revolución demográfica y laboral inherente a toda trasformación industrial. En esos días numerosos contingentes de castellanos, andaluces y gallegos son materialmente arrojados en la margen izquierda de la ría bilbaína con las consiguientes secuelas de urbanismo incontrolado, hacinamiento y graves problemas sociales, sanitarios, educacionales, etc. Los índices de mortalidad se dispararon como respuesta inequívoca a las deplorables condiciones de vida del nuevo proletariado, que se debatía entre la mala alimentación e higiene y el exceso de horas de trabajo.

Las alteraciones en el comportamiento demográfico de Vizcaya trajeron una fase inicial de desconcierto y caos social, propia de la primera industrialización y que ya había sido experimentada en los mismos términos en otros países europeos. Empezaron a verse por las calles sorprendentes tipos humanos, híbridos de miseria y atraso cultural, que llevaban en su dura condición laboral el estigma de la singularidad y diferencia. Incubadas en la humedad del clima y en las estrecheces del hábitat humano, las enfermedades industriales marcaron también la divergencia entre indígenas y foráneos. Los accidentes laborales menudearon, asimismo, en estos emigrantes que sin preparación profesional alguna pasaron a desempeñar trabajos arriesgados que precisaban de una mayor cualificación. Los hospitales mineros, en principio, y los consultorios de fábrica, luego, abrieron el camino a iniciativas de mayor aliento, como los grandes hospitales de Bilbao o los sanatorios antituberculosos, que manifestaron los cambios en la salud del territorio vasco.

Ataque a la casa del padre

El origen del *nacionalismo bizkaitarra*, como al comienzo se denominó la doctrina de Sabino Arana, tiene mucha relación con el mismo flujo que había traído a trabajar a Vizcaya a tantos emigrantes. La vertiginosa industrialización ya mencionada trajo consigo una marejada política en la que flotaron los restos del antiguo fuerismo, la frustración carlista y un acentuado rechazo a las formas modernas de explotación económica y oferta cultural. Quizás el hecho más manifiesto de este desarrollo económico lo constituía la presencia en Vizcaya de un tropel de emigrantes, cuya sacudida social haría mella en el creador del nacionalismo vasco bajo la forma de crisis de identidad. Utilizando equivocadamente criterios de raza y pueblo, en lugar de los de clase social, Arana concluyó rápidamente que aquellos patanes desarrapados, vomitados por el hambre de Castilla, nada tenían que ver con los lustrosos vascos, recién enriquecidos con la fábrica y la mina. De idéntica procedencia geográfica pero distinta adscripción social, los veraneantes de Lequeitio o San Sebastián jamás habían suscitado hasta entonces semejante discriminación.

El país agrícola y pastoril que se había despedido del viejo orden con un trauma nada piadoso, como fueron las guerras carlistas, pasó casi sin solución de continuidad a una acelerada modernización. La carga fabril que tuvo que soportar aquella sociedad, todavía de creencias, estilos y hábitos semimedievales, combinada con la resaca de la abolición foral y la irrupción forzada de los emigrantes produjo inmediatas y preocupantes actitudes de defensa étnica y racial. La conmoción social se sumó entonces a la crisis política.

Sabino Arana, miembro de la clase media urbana bilbaína, desde una atalaya privilegiada tuvo a su alcance los medios culturales y políticos para realizar la integración doctrinaria de todos estos elementos. Partiendo de la profunda alteración que los modos de vida tradicionales y la cultura estaban acusando desde el siglo anterior, y temiendo hallarse ante el último acto de una agresión extraña sobre su pueblo, formuló en la década de los noventa los primeros elementos de lo que llamaría conciencia nacional vasca.

La identificación de la situación regresiva de la lengua vasca y de otros elementos culturales y modos de vida con la *amenaza* de los recién llegados, si bien correspondía a una equivocada y exaltada visión de la realidad serviría para crear un sentimiento de recelo, cuando no de odio, entre oriundos y foráneos. El empuje del doctrinarismo de Arana y el poder movilizador de los símbolos que creó o difundió le proporcionaron el liderazgo indiscutible de una corriente ideológica que predicaba el desprecio a *los de afuera*. Sin embargo y aunque pueda parecer paradójico, su brazo más activo y tenaz fue durante mucho tiempo la clase media bilbaína más proclive al mantenimiento del proceso de desarrollo económico que a la regresión arcaica que defendería el fundador del nacionalismo.

La vida del Fundador

En el corazón del Bilbao actual, en la casa que su familia tenía junto a la iglesia de San Vicente, nacía Sabino Arana y Goiri el 26 de enero de 1865. En esa época su padre Santiago Arana y Ansotegui poseía diversos astilleros que hacían de él uno de los más importantes armadores y constructores de buques de la ría bilbaína. Carlista a machamartillo participó activamente en el levantamiento de 1872, viajando a Londres para comprar armas destinadas a los sublevados. En vísperas de la entrada de los liberales en Bilbao, Santiago Arana consiguió pasar a Francia y se estableció con los suyos en Bayona, donde residía la Junta Suprema Carlista. Hasta octubre de 1876 la familia Arana no regresó a Bilbao, una vez derrotado el carlismo y terminadas las operaciones militares.

Con el negocio familiar arruinado pero manteniendo propiedades y dinero suficientes para vivir sin estrecheces, los Arana ingresaron a sus hijos Luis y Sabino en el internado que los jesuitas tenían en la localidad vizcaína de Orduña, con el fin de que estudiaran el bachillerato. En un ambiente de intransigencia católica y fuerismo guerrillero, las predisposiciones personales y familiares de Sabino cristalizarán definitivamente en obsesiones que le acompañarán toda la vida. A esa militancia político-religiosa y exclusivismo católico hay que atribuir el fuerte contenido antiliberal y el talante integrista que el nacionalismo vasco tendría.

Una tisis galopante estuvo a punto de acabar con la vida de Sabino Arana poco antes del término de su bachillerato, obligándole a una larga convalecencia de dos años en su casa de Bilbao. Lee con glotonería y obstinación toda la prosa fuerista y se empapa de los mitos y dogmas de los apologetas vizcaínos que habían ensalzado las bienaventuranzas del pasado de Vizcaya. En junio de 1883 muere su padre y comienza la carrera de Derecho en Barcelona a donde se traslada con toda su familia: *La empecé (...) con bien poco provecho. En los cinco años que trascurrieron hasta que definitivamente la dejé, estudié pocas asignaturas y me examiné sólo de la mitad de ellas. Seguía siendo el de siempre: no me gustaban los programas, ni los profesores; mucho menos me llenaban los autores.*

No obstante su paso por la Universidad, Sabino Arana tuvo la formación intelectual de un autodidacta, embebido en lecturas monotemáticas y sólo seguidor del magisterio de su hermano Luis, tres años mayor. Fue éste, quien a raíz de su estancia en el centro de estudios que los jesuitas tenían en La Guardia (Pontevedra), insufló a Sabino la inspiración de la nacionalidad vizcaína y le hizo apartarse del carlismo que hasta entonces a su modo profesaba: *el año ochenta y dos (¡bendito el día en que conocí a mi Patria y eterna gratitud a quien me sacó de las tinieblas extranjeristas!).*

Tampoco los cinco años (1883-1888) de estancia en Cataluña dejaron huella alguna en su elaboración nacionalista, a pesar de coincidir con las primeras formulaciones del catalanismo burgués y su inicial expansión. A Sabino Arana no le interesa nada todo ese movimiento y jamás se referirá ni a Cataluña ni a Galicia como naciones sino como regiones de España. Su monomanía fue durante toda su vida la búsqueda de raíces, identidades y diferencias de vizcaínos y demás vascos con las que fundamentar un proyecto político secesionista. Volcado sobre sí mismo y sus pesadillas, Sabino Arana sólo se interesó por aquellas lecturas y sugestiones que podían apuntalar su idea fija de que Vizcaya había sido independiente.

Desconocía por completo el vascuence pero se entregó decidido a su estudio, en el que logró notables progresos que le animaron a opositar en 1888 a la cátedra de lengua vasca que la Diputación de Vizcaya había creado en el Instituto de Bilbao. La plaza fue para Resurreción María de Azcue que aventajó a Miguel de Unamuno y al esforzado Arana, que no consiguió voto alguno del tribunal calificador.

En 1886, antes de retornar a Bilbao, Sabino Arana se había estrenado como publicista con un conjunto de ensayos sobre la lengua y otros aspectos históricos y culturales del País Vasco. En español, único idioma que manejaba con fluidez, Sabino Arana escribió la casi totalidad de su obra, carente, por otro lado, de cualquier interés que no sea el meramente político. En noviembre de 1892 apareció *Bizcaya por su independencia*, pequeño libro dedicado a Luis Arana que recopilaba cuatro artículos que su hermano había publicado en 1890 en una revista de corta vida, titulada *La Abeja,* y que no sorprendió ni a carlistas ni a integristas que lo acogieron con simpatía. Había de pasar un tiempo para que el colectivo tradicionalista se diera cuenta de que las tesis de Arana resultaban incompatibles con su política.

En el caserío Larrazabal de Begoña, el 3 de junio de 1893, el fundador del nacionalismo, en su primer discurso político, dejó bien claro su deseo de poner en marcha un movimiento, cuya meta era la independencia de Vizcaya. Cinco días más tarde nacía el periodico mensual *Bizkaïtarra*, redactado casi íntegramente por Sabino Arana, en el que exponía su doctrina, bajo el lema de *Jaun-Goikua eta Lege Zarrak,* es decir, *Dios y Fueros*. El 16 de agosto de ese mismo año, en Guernica, los gritos anticentralistas *¡Abajo la preponderancia de Castilla! ¡Abajo la centralización!,* vinieron acompañados de los nacionalistas *¡Viva Vizcaya independiente!* y *¡Muera España!* de las gargantas de los Arana, junto con la quema de la bandera española y otros incidentes que, conocidos como la *Sanrocada,* constituyen la primera aparición pública del naciente grupo político.

A instancias de Luis y Sabino Arana, los pocos seguidores del dogma independentista deciden organizarse fundando, en 1894, el *Euzkeldun Batzokija* o primera sociedad nacionalista, que cuidadosa de los símbolos tendrá desde el principio su bandera, adoptada más tarde por todos los movimientos vasquistas, así como un himno y un nuevo nombre, *Euzkadi,* para designar a la flamante patria vasca. Entre los dos hermanos se las compusieron para dotar de semejantes arreos emocionales a su organización y la historia daría testimonio del éxito de esa cruzada sentimental.

El primer comité ejecutivo (el *Bizkai Buru Batzar*), embrión del futuro Partido Nacionalista Vasco, ya está formado el 31 de julio de 1895, bajo la presidencia de Sabino Arana y a la espera de las bendiciones del poco nacionalista san Ignacio de Loyola, el único componente del santoral vasco y antiguo gentilhombre en la corte de Castilla. En sintonía con el chovinismo de su fundador, el nuevo órgano de gobierno de los *bizkaitarras*, declaraba que el objetivo final de su organización consistía en *descubrir las ideologías y organizaciones extranjeras en cuanto a su proyección en tierra vasca así como también proceder a la conquista de los órganos públicos de poder en tierra vasca, expulsando de ellos a los poderes extranjeros*. Es la fase de mayor exaltación antiespañolista de Arana, con violentos y descarnados ataques a los invasores *maketos*, que termina con su encarcelamiento a raíz de un proceso por injurias.

Durante estos años la proyección del nacionalismo es insignificante, siendo de hecho ignorado por otros movimientos o grupos políticos, como la burguesía industrial o financiera y las asociaciones obreras. Asimismo, no es difícil, en esa época, equiparar nacionalismo con bilbainismo ni tampoco es extraño que ante el escaso eco que su doctrina tenía en las demás provincias vascas, Arana se determinara inicialmente por un vizcainismo, aunque ya en 1894 se conocen sus primeras propuestas para un independentismo vasco integral de las siete provincias, españolas y francesas.

La casa de Arana es apedreada en 1898, en medio de la oleada patriótica desatada por la guerra de Cuba, y entre vivas a España y mueras al separatismo. Pese a ello, ese mismo año gana en las elecciones provinciales un puesto en la Diputación de Vizcaya, desde donde denunció machaconamente el retroceso del vascuence y la quiebra de la moralidad tradicional. Nuevas aventuras periodísticas se saldan con fracasos pero sirven a Sabino para darle vueltas a su invención patriótica, desahogar su odio a España y alimentar su racismo.

En febrero de 1900 y después de prepararse espiritualmente durante tres días con los jesuitas de Loyola, Sabino Arana contrajo matrimonio con la campesina Nicolasa Achicallende, cuya condición social suscitó algunos comentarios desfavorables de los propios nacionalistas, que pensaban desprestigiaba al partido con tal enlace. Haciéndose eco de ellos, Arana se desahogaba con su amigo Aranzadi: *todos los vascos descendemos de aldeanos, de caseríos; nuestras doctrinas son esencialmente democráticas y se fundan en el amor al pueblo y mi casamiento será un ejemplo en vez de mengua.* Como viaje de luna de miel, los Arana hicieron una peregrinación a Lourdes, donde por culpa de una enfermedad no pudieron realizar del todo su propósito de inaugurar su vida matrimonial con una novena.

Una inoportuna felicitación a Roosevelt por la actuación norteamericana a favor de la *liberación de Cuba de la esclavitud española* le valió otra temporada en la cárcel bilbaína de Larrínaga. Para evitar futuros acosos de las autoridades locales y con un inusitado realismo político, Sabino Arana propondrá en 1902 la creación de una *Liga de Vascos Españolistas* que trabajase por la autonomía regional dentro de la unidad española. Era un novedoso programa político, pero no una interpretación distinta de la historia de los vascos en el periodo foral. La muerte de Sabino en noviembre de 1903 dejó abierto el interrogante de su perseverancia en esa práctica política.

Dios, la sangre y la tierra

Sabino Arana hizo girar la secuencia de su formulación política sobre bases intelectuales dispersas, poniendo al reunirlas el acento personal de una actividad propagandística inmune al desaliento, que habría de obtener poco a poco el respaldo sociológico de un importante conglomerado urbano y rural. Toda su obra, si se exceptúa la corazonada de la nacionalidad vasca, es un puro anacronismo. Como lo eran todas las formulaciones tradicionalistas que ante el zarpazo de la modernidad sólo supieron responder automarginándose en los espacios ambiguos del inconsciente colectivo y convirtiendo a la historia en el dominio de la conspiración universal y del imperio del Anticristo. La fe en la Providencia divina y su encarnación carismática en un rey, como único brazo poderoso con el vigor necesario para hacer desandar el camino fatal de la historia, se convertiría en la espina dorsal del pensamiento carlista y de todos los legitimismos. Tradicionalistas sin monarca, Sabino Arana y sus deudos descubrirían esas cualidades taumatúrgicas en la nación vasca.

Al definir los elementos nacionalistas sobre los conceptos de religión, raza, lengua y costumbres tradicionales de los vascos, Sabino Arana echó marcha atrás en el túnel del tiempo, cerrando los ojos ante el panorama industrial y la sociedad heterogénea, que ya tenía delante y dando rienda suelta a la idealización romántica y populista de la cultura local. El nacionalismo partía así de la consideración de un pueblo que habiendo sido diezmado, siglo a siglo, en sus ingredientes nacionales, se encontraba por obra de la industrialización y emigración masiva al borde del final del proceso. La respuesta política sabiniana, cargada de sinrazones históricas y culturales, estaba encaminada a preservar y recuperar esos caracteres a través del vehículo de la separación e independencia de los Estados presuntos responsables de la agresión: España y Francia.

Poca atención prestó Arana a los franceses, a los que apenas si dedicó algunas diatribas, que quiso guardar en toda su pureza y extensión para ofrecérselas a los españoles en un rosario grotesco y pueril lleno de furor racial. *El bizkaino es inteligente y hábil para toda clase de trabajos; el español es corto de inteligencia y carece de maña para los trabajos más sencillos. Pregúntaselo a cualquier contratista de obras y sabréis que un vizcaíno hace en igual tiempo tanto como tres maketos juntos.* Sin embargo, no son anecdóticos ni el racismo militante de Arana ni su manía persecutoria; ambos se incrustan en la médula de la conciencia nacional vasca configurando su naturaleza victimista y defensiva. Ningún otro nacionalismo peninsular podrá compararse al vasco en su rechazo obsesivo de la palabra y concepto de España.

En la raíz del racismo de Arana está, sin duda, su amañada visión de la historia de su pueblo, fundamentada en la exaltación mítica de elementos raciales que pretendían sustituir el vacío de gestas y hazañas con las que argumentaban otros nacionalismos más probados. Por otro lado, la legitimación histórica de su proyecto independentista también se haría en clave legendaria, sacando brillo a la literatura fuerista. Para Arana. los vascos, como nación o raza, habían constituido en su historia diversos estados independientes hasta que les fue arrebatada su soberanía por un pueblo extranjero, el español, en 1839. En consecuencia, los estados vascos históricos, concretamente Vizcaya, Guipúzcoa, Alava y Navarra tenían derecho a recobrar su naturaleza anterior a 1839, mediante la recuperación de su presunta independencia. A esta restitución se conoce en la terminología nacionalista con el nombre de *reintegración foral:*

Volver el pueblo vasco a regirse según sus Fueros significa ser absolutamente libre e independiente de España, con gobierno propio, poder legislativo propio y fronteras internacionales.

Pero la patria de Sabino Arana no sólo está hecha de sangre y tierra; también Dios forma parte, y muy importante, de la nacionalidad. La cruzada de liberación significaba lo mismo que militancia confesional, tradicionalismo católico, hacedor de esencias patrias. Religión y nación se abrazaban sin originalidad como en tantos otros patriotismos. La salsa, no obstante, la puso Sabino con su fundamentalismo creyente, repleto de intransigencia y fervor exclusivista. En virtud de una sincera apropiación de contenidos religiosos, el configurador de la conciencia nacional vasca reivindicaba el catolicismo para su patria *porque su tradición, su carácter político y civil es esencialmente católico. Si no lo fuera lo proclamaría también; pero si mi Pueblo se resistiera, renegaría de mi raza; sin Dios no queremos nada.*

Así pues, la salvación étnico-religiosa de los vascos, su completa recristianización y el triunfo definitivo del catolicismo en Euskadi sólo podrían alcanzarse con el proyecto aranista de liberación nacional. *Si afirmamos la independencia de nuestra raza, la afirmamos como necesaria e ineludible para evitar el mortal contagio y salvar a nuestros hermanos, a nuestra familia, a nuestra Patria.* La misma tramoya que convirtió a Sabino en nacionalista le atrincheró en un peligroso fundamentalismo y le metió de lleno en la caverna de la reacción. De este modo, su fobia a la modernidad se tradujo en la súplica a Dios para que hundiera toda la riqueza de Vizcaya y fuese así pobre, sólo con sus campos y ganados, pero patriota y feliz.

BIBLIOGRAFIA

Para conocer el contexto histórico que propició el paso de la sociedad vasca de estructuras agrícola-pastoriles a otras de corte industrial, contexto bajo el cual Sabino Arana articuló sus teorías, puede consultarse GARCÍA DE CORTÁZAR, Fernando y MONTERO, Manuel, *Diccionario de Historia del País Vasco* (2 volúmenes), Editorial Txertoa, San Sebastián, 1983, libro de consulta práctica. Véase asimismo GARCÍA DE CORTÁZAR, Fernando y LORENZO ESPINOSA, José María, *Historia del País Vasco,* Editorial Txertoa, San Sebastián, 1988.

La ideología política del inventor del nacionalismo vasco es definida con toda claridad expositiva y acierto metodológico por CORCUERA ATIENZA, Javier, en *Orígenes, ideología y organización del nacionalismo vasco,* Editorial Siglo XXI, Madrid, 1979. Son imprescindibles también SOLOZÁBAL ECHEVARRÍA, Juan José, *El primer nacionalismo vasco,* Tucar Ediciones, Madrid, 1975, y LARRONDE, Jean-Claude, *El nacionalismo vasco, su origen e ideología en la obra de Sabino Arana y Goiri,* Editorial Txertoa, San Sebastián, 1977, KONDAÑO, *Primeros años del nacionalismo,* Ediciones Alderdi Argitaldaria, Bilbao, 1985.

Un enfoque comparado entre el nacionalismo vasco y el catalán en los comienzos industriales de ambos, se oferta en *Actas del Coloquio Vasco-Catalanista (Industrialización y nacionalismo),* Servicio de Publicaciones de la Universidad Autónoma de Barcelona, 1985.

Si se desea estudiar la biografía de Sabino Arana son útiles las siguientes obras, todas ellas caracterizadas por su marcado carácter laudatorio de la obra política de Arana: BASALDUA, Pedro, *El libertador vasco,* con prólogo de José Antonio Aguirre, publicado por Editorial Ekin, Buenos Aires, 1953. URRUTIA, Marcos de, *Arana-Goiri Tar Sabin en la Historia de Euskadi,* Ediciones Sabindiar-Batza, Bayona, 1954. ELIZONDO, Mauro, *Sabino Arana, padre de las nacionalidades* (2 volúmenes), Editorial La Gran Enciclopedia Vasca, Bilbao, 1981, que incluye correspondencia inédita hasta la fecha de su edición entre Sabino y su hermano Luis Arana. Recientemente ha aparecido bajo la dirección de Iñaki ANASAGASTI, *Sabino Arana, diputado,* publicado por la Fundación Sabino Arana, Bilbao, 1988, que recoge las actividades políticas del iniciador del movimiento nacionalista vasco siempre en tonos hagiográficos y apologéticos (nunca críticos). Sin embargo, el libro aporta datos de interés para conocer esta parcela de Arana poco explotada por la historiografía vasca. En esta línea es preciso destacar el trabajo de CAMINO, Iñigo y GOÑI, Juan Ramón, *Proceso a Sabino Arana en 1902,* Fundación Sabino Arana, Bilbao, 1989, que resume, con la misma pasión partidista que el anterior los problemas que tuvo Arana en su tiempo con la justicia tras exponer públicamente sus tesis. José Luis GRANJA, con un estudio preliminar, recuperó en 1982 una obra de teatro nacionalista, pieza curiosa por excelencia, que puede resultar grata al interesado en los orígenes del primer nacionalismo aranista. El libro en cuestión se llama *Sabino Arana Goiri, de fuera vendrá... Comedia en tres actos,* Editorial Haramburu, Zarauz, 1982. Asimismo, para ilustrar estos iniciales titubeos de los simpatizantes de la doctrina de Arana, véase SAN SEBASTIÁN, Koldo de, *Historia gráfica del nacionalismo vasco,* Publicaciones del Semanario Euzkadi, Bilbao, 1985.

Los historiadores que, en nuestra opinión, se han acercado con mayor exactitud y cautela metodológica al pensamiento de los Arana son BELTZA, *Nacionalismo vasco y clases sociales,* Editorial Txertoa, San Sebastián, 1976. PAYNE, S., *El nacionalismo vasco,* Editorial Dopesa, Barcelona, 1974, libros muy importantes en el momento de su publicación, aunque en la actualidad han sido superados ampliamente. SOLOZÁBAL, J., en «Problemas en torno al estudio del nacionalismo», en *Estudios de Historia Contemporánea del País Vasco,* Editorial Haramburu, Zarauz, 1982, introduce al lector en las raíces intelectuales del movimiento nacionalista. Por su parte, FUSI, Juan Pablo, en *El País Vasco, pluralismo y nacionalidad,* Editorial Alianza, Madrid, 1984, obra ya clásica en las bibliotecas de cualquier estudioso del País Vasco contemporáneo, analiza las transformaciones de la complicada sociedad vasca de finales del XIX y comienzos del XX; sociedad que Fusi logra explicar en sus más variadas aportaciones.

Nada mejor que cerrar este recorrido sobre la vida y pensamiento político de Sabino Arana y Goiri que leer sus *Obras completas,* Editorial Al Sabindiar-Batza, Buenos Aires, 1965. Pero además, y teniendo en cuenta la mesiánica influencia que su hermano Luis tuvo en el padre del nacionalismo, puede resultar útil la consulta de ARANA-GOIRI, Luis, *Euzkadi en demanda de su soberanía,* Imprenta de José Ausín, Bilbao, 1931, y *Formulario de los principios esenciales o básicos del primitivo nacionalismo vasco contenidos en el lema Jaun Goikua eta Lagizara,* Editorial Artes Gráficas Grijelmo, Bilbao, 1932.

Capítulo III

LA MAGIA DE LA NACION

LA consistencia política del epítome sabiniano y la clave de su éxito posterior hay que localizarlas en la promoción de la idea de independencia política nunca formulada antes de él. Cualquiera otra de sus concepciones se hubiera diluido, una por una o todas juntas, por su carácter ahistórico o meramente culturalista, como de hecho ha sucedido con muchas de ellas. Sin embargo, la propuesta independentista, incluso haciendo abstracción de su presunta fundamentación histórica, sociológica y puramente emocional es sin lugar a dudas el motor de la pervivencia nacionalista del País Vasco. Todo lo demás ha sido puro ropaje o moda, algo con que cubrir las vergüenzas programáticas. Porque lo que de veras arrastraba entonces y sigue alentando ahora no es otra cosa sino el sentimiento de creerse hostigado y diferente por superior y la magia ambigua de la liberación nacional.

La fuerza que adquirió en el pensamiento de Arana la posibilidad política de la independencia quedó probada de forma suficiente en la creación de toda una simbología patriótica y nacional. Cubría en su mundo conceptual y luego en las aspiraciones de su partido todo un universo diferenciado: el nombre de Euzkadi para designar al país como colectivo de vascos, la divisa del partido JEL, es decir Dios y leyes viejas para simbolizar la lucha por mantener la tradición católica y foral. La *ikurriña* o bandera vasca, en la que se reúne la representación del pueblo, la ley y la religión e incluso un himno nacional, actualmente el oficial de la Comunidad Autónoma vasca. De nada hubiese servido todo ello sin el instrumento de una organización política, el Partido Nacionalista Vasco, que, bien contra viento y marea, bien al sol que más calienta, ha convertido la demanda de alguna forma de autogobierno en el centro de la vida social de esa parte de España.

Los finales del siglo XIX son también escenario del nacimiento de otros sustanciales acontecimientos políticos como la irrupción de las masas en un sistema democrático formal, la configuración del socialismo vasco, consiguiente a este hecho, o la proyección de un pluralismo ideológico. Pero el fenómeno nacionalista que participa y se aprovecha de todos ellos, buscando al mismo tiempo recoger una parte nuclear del espíritu del pasado, los sobrepasa indudablemente por su oportunismo político y su buena fortuna electoral en una época en que las urnas pueden dar o quitar todo.

Los buenos viejos tiempos

El caldo de cultivo sociológico en el que germinó el nacionalismo fueron sobre todo las clases medias —empleados, pequeños burgueses, campesinos acomodados—, que estaban aterrorizadas ante los cambios de industrialización y que sentían envidia del triunfo de la gran burguesía. Esta mesocracia ubicada en Bilbao y en otras ciudades vascas había visto surgir la riqueza a sus pies, sin tiempo de hacerla llegar a sus cuentas corrientes, mientras era desplazada de sus pequeñas posiciones de poder con la bancarrota del orden anterior. Amedrentado por el espectro de la revolución socialista, este colectivo desclasado se agarró con fuerza al *revival* nostálgico de Arana y a una doctrina que levantaba su prestigio social y cultural, considerándoles propietarios del país y justificando su frustración por el latrocinio extranjero.

Eran los buenos viejos tiempos los que habría que reflotar para poner las cosas en su sitio y resucitar una forma de vida y lenguaje, dictados no desde la gran burguesía o el proletariado *maketo* sino por los caciques locales de campanario o aldea. Aunque añorara la Arcadia vasca, el nacionalismo tuvo el viento a favor del creciente enriquecimiento de su demarcación y la buena reputación alcanzada por la mitología nacional en toda Europa. Si oponiéndose a la industrialización llegaban tarde a la cita con la historia, subiéndose al carro de la nación, los *bizkaitarras* arrimaban su ascua a la sardina de la ganancia.

Por otro lado, la aparición del nacionalismo vasco coincide con la crisis finisecular, incardinada en la pérdida de las colonias, y con el consiguiente movimiento de renovación política y social que suscitó la derrota española ante los Estados Unidos. En esa hora del confesionario colectivo distintos teóricos de la decadencia española elevaron su voz por encima de tanto casticismo inoperante para empezar a exigir la necesaria regeneración nacional. Aquella España absurda que, como denunciaba Baroja, vivía en un ambiente optimista con la ilusión de un país pobre y aislado no podía ofrecer más que un futuro de subdesarrollo. Si la Restauración fue providencial para romper el nudo de la sucesión dinástica, para domesticar al carlismo o para decidir el rumbo proteccionista que favoreció los intereses industriales vascos tuvo también sus puntos negros. No sería el menor de ellos un sistema político y electoral arrogante y corrupto, repartido entre la oligarquía y el caciquismo y alimentado en la desmovilización y apatía generales.

Con la llegada del siglo XX, la vieja política de los partidos conservador y liberal sólo servía para proteger a la Corona y mostrar las carencias democráticas del edificio institucional. La marea regeneracionista con su denuncia del artificio del sistema y su falta de representatividad estaba señalando el camino a seguir: la nueva política debería conectar con aspiraciones populares, buscando apoyos y anclajes en la ciudadanía. En su pretensión de hablar en nombre de todos los vascos, como ocurre con cualquier movimiento nacionalista, los sucesores de Sabino Arana proyectaron una política de masas, aun cuando en un principio no pudieran contar con un apoyo popular activo. Por ello en el haber del Partido Nacionalista Vasco se podrá contabilizar la movilización política de amplios sectores de la población vasca a través de cauces electorales junto con una progresiva educación cívica que trabajaría por desarraigar el caciquismo e implantar la democracia en la vida local.

En esta línea los nacionalistas vascos pronto se destacarían por su filosofía municipalista que contribuiría, con el concurso de otras fuerzas, a hacer que las corporaciones locales se acreditaran como auténticamente representativas de la voluntad popular. Rastreando en la historia se encuentran antecedentes de este municipalismo bizkaitarra en la tradición foralista que hacía de los ayuntamientos y diputaciones los grandes protagonistas de la vida política.

Vascos pero burgueses

Por mucho que el integrismo religioso y la nostalgia rural le hicieran a Sabino Arana marchar contracorriente, su desaparición dejaba la herencia nacionalista en manos más pragmáticas que tratarían de subirse al tren de la industrialización y el poder económico con la tradición a cuestas. El triunfo social y la voz de las urnas habrían de soltar el nudo gordiano de las contradicciones de los nacionalistas, quienes llegarían a un ambiguo sincretismo, mezcla de campanario de aldea y consejo de administración. Encomendándose a Sabino a quien, por supuesto, nunca arrojarán del santoral, las nuevas generaciones de *bizkaitarras* se echarán en brazos del demonio industrial y del proteccionismo de un Estado que ya les había preparado un mercado español. A punto de cumplir los cien años, el peneuvismo no ha enterrado aún el cadáver ideológico de Arana; sin embargo, la praxis política viene realizando una medrosa labor de expurgo y el nacimiento de un nacionalismo de izquierdas tambien conspira en esa dirección.

Los vasquistas sabían como nadie que con el dinero no se juega, de ahí que el maximalismo patriótico de su ideología no fuera trasplantado al campo de las actividades económicas. Antes al contrario, los dineros nacionalistas ayudaron a empujar las iniciativas de la gran burguesía vizcaína, que consideraba ineludible el recurso al mercado español como soporte de la industria vasca. El ejemplo más claro de esta paradoja nacionalista lo constituye Ramón de la Sota, miembro de la gran burguesía y convertido al *bizkaitarrismo* en 1898, después de militar en las filas del fuerismo liberal.

Rompiendo el tono mesocrático del partido de Arana, el empresario Sota se sacudió el ruralismo campesino de sus correligionarios y se puso al frente de la aventura industrializadora, sin abjurar de su religión nacionalista. De esta forma, la confluencia de intereses industriales, navieros y financieros con la reivindicación étnica y cultural del vasquismo de Arana tuvo como consecuencia la aparición de una suerte de nacionalismo sensato pronto abrazado por amplios sectores de las clases medias y pequeños burgueses de la zona bilbaína. Este nacionalismo, sin llegar al pragmatismo españolista de los catalanes de Cambó, suponía un giro importante en las opciones anteriores independentistas, que en ocasiones se juzgaron equivocadas. Bajo su amparo se desarrollan nuevos contenidos autonomistas, menos montaraces y más tolerantes, respecto de la doctrina de Arana.

Las dos corrientes inaugurales del nacionalismo conviven a lo largo de los años y de algún modo llegan hasta el presente. Con el telón de fondo de la supuesta singularidad histórica, étnica, lingüística, etc., independentismo o autonomismo habrían de ser los dos polos de atracción de la práctica nacionalista, justificados ambos con diferentes interpretaciones de la *reintegración foral* reclamada por Arana o en virtud de un mero oportunismo político. De todas maneras este dualismo no traspasó nunca las lindes de la práctica política porque, en el terreno de las emociones y aun de los más altos principios, el nacionalismo siempre fue el mismo, el del anhelo de soberanía. Así que la ambigüedad que como un tópico perezoso define los comportamientos nacionalistas puede servir para describir su lenguaje pero no su voluntarismo.

Jano nacionalista

En diciembre de 1906 el Partido Nacionalista Vasco celebra su primera asamblea pero, antes y a imitación de los socialistas, ya cuentan los jóvenes con su opción de encuadramiento nacionalista a través de las *Juventudes Vascas* y todo el colectivo un lugar de camaradería y exhortación en los *batzoki*. Superada la fase proselitista, el nacionalismo se entrega decidido a la definición de una estrategia propia acorde con el desarrollo de la situación española. La organización se ha extendido por Vizcaya y lleva unos años presentando candidatos a concejales y diputados provinciales. Los homenajes a Sabino proliferan, en torno a su tumba de Pedernales, concentrando abundantes muchedumbres a las que alimentan más con sacudidas de emoción y sentimentalismo que con programas.

En 1909, el mismo año de los sucesos sangrientos y anticlericales de la Semana Trágica de Barcelona que aterraron a su burguesía, los dirigentes vasquistas, cada día más peritos en movimiento de masas, peregrinaban a la irredenta Navarra para en el monte Aralar consagrar al arcángel San Miguel como patrono del PNV. Puesto en pie de guerra el partido de Arana tendría un nuevo éxito organizativo en sus movilizaciones de mítin y calle, cuando la ley del Candado de Canalejas desató la reacción defensiva de las congregaciones religiosas, objeto de la regulación.

No obstante estas adhesiones populistas, el nacionalismo vasco tiene que arrostrar pronto diversas tiranteces y aun fisuras, surgidas del magma patriótico y religioso que lo constituye. Un grupo de burgueses, con Sota, Chalbaud, Horn y Epalza a la cabeza, interesados económicamente en la colaboración con la monarquía española, destierran de su vocabulario los términos independentistas y hacen públicas sus tendencias integradoras centradas en la autonomía. Fruto de esta política de acuerdo y entendimiento con el poder central, los nacionalistas son recompensados con la designación, en 1907, de uno de los suyos, Gregorio Ibarreche, como alcalde de Bilbao.

Un grupo laicista y liberal, asfixiado por el talante ultramontano del PNV ensaya sin éxito, en 1910, una disidencia. de la que sólo quedaría el recuerdo de su nombre, Askatasuna, y su frustrado intento de dar un carácter republicano y aconfesional al partido. Decididos a disputar a los socialistas su hegemonía en el mundo obrero, los nacionalistas crean en 1911 la *Solidaridad de Obreros Vascos* (posteriormente *Solidaridad de Trabajadores Vascos)*. Frente a la amenaza que encerraba el socialismo para la nacionalidad vasca y la propiedad privada, *por ser arma de exotismo y desvasquización,* los buenos obreros de *Solidaridad* ofrecían devolver al País Vasco la perdida tranquilidad social, luchando contra *los socialistas antivascos y el capitalismo ab-*

sorbente, con el apoyo y cooperación de los *buenos patronos vascos.* Contra la conciencia de clase, lo recuerda el historiador Elorza, la raza vuelve a ser, como en Arana, el revulsivo mejor. Algo que los enfrentamientos nacionales de la I Guerra Mundial dejarían bien claro, sacrificando las solidaridades proletarias europeas en el altar de la excluyente religión patriótica.

Pocas habían sido las inquietudes sociales de Sabino Arana, obsesionado como estaba por los problemas nacionales. De los modelos existentes de mejora de la condición obrera ninguno le satisfizo por ser extraños al pueblo vasco y fueron muchos los ataques que propinó al movimiento socialista: *¿Qué les importará a los bizkainos el socialismo y otras cosas por el estilo si no son obra de las leyes vizcaínas, sino escuela de las extranjeras?* Para los hombres de auténtica preocupación social era evidente que el problema quedaba escamoteado y vasquistas como Tomás Meabe o José Madinabeitia abrazaron el socialismo; lo mismo hicieron quienes pensaron que los valores de solidaridad e igualitarismo eran irreconciliables con cualquier intento de diferenciación regional o étnica.

El sindicato nacionalista no dispondrá de una estructura moderna y eficiente hasta los tiempos de la Segunda República, cuando los solidarios tuvieron como mentores a tres sacerdotes propagandistas, Ariztimuño (Aitzol), Policarpo de Larrañaga y Alberto Onaindía. A pesar de esta presencia clerical, Solidaridad siempre mantuvo una firme independencia ante el intrusismo eclesiástico, distinguiéndose de otros sindicatos católicos de lánguida vida no sólo por su vocación nacionalista sino también por su autonomía respecto de los obispos, a quienes, en alguna ocasión, el periódico solidario *El Obrero Vasco* llamó *pastores oficiales.*

Ricos y honrados

La buena salud del movimiento es un hecho cuando en febrero de 1913, la prensa nacionalista, después de diversos avatares y distintas cabeceras, encuentra su órgano definitivo de expresión política en el diario bilbaíno *Euzkadi*, que hasta su cierre a la caída de Bilbao en manos franquistas, en 1937, tuvo una vida próspera y una clientela entregada. Como ideólogo y alma del periódico se recuerda a Engracio de Aranzadi, que supo conjugar la más estricta ortodoxia sabiniana con un posibilismo conservador que alejaría a *Euzkadi* de las aspiraciones radicales de los sectores más jóvenes del nacionalismo vasco.

Mientras tanto, los buenos vientos de la economía española movidos por la no beligerancia en la gran guerra repercutían en la evolución general del negocio vasco. Al monto de la demanda provocada por la contienda se añadieron los efectos de la política proteccionista, el acelerón industrial, la repatriación de capitales, la demanda financiera del Estado, las exportaciones de minerales y el espléndido ciclo de negocios navieros.

La euforia se apoderó de la burguesía vasca que no queriendo repartir el botín aumentó sus agravios respecto del gobierno central y del viejo Estado de la Restauración, asediado asimismo por empresarios catalanes. Un furor autonomista convulsionó a las fuerzas vivas de la sociedad vasca que no estaban por la labor de compartir los harapos de una España pobre en su centro y enriquecida en la periferia. Sobraban argumentos para exigir una descentralización administrativa que pusiera orden en la herrumbrosa maquinaria estatal pero habría de ser el nuevorriquismo de 1914-1918 el que lanzara una operación poliédrica, que serviría para catapultar al nacionalismo vasco, al menos en Vizcaya.

Con sus corrientes intrapartidistas a flor de piel, los nacionalistas vascos, los de la autonomía o la independencia, no perdían el tiempo en su decidido caminar hacia el reconocimiento de su soberanía. En plena guerra mundial, junio de 1916, participan en Lausana en un Congreso, organizado por la Unión de Nacionalidades y allí oyen lo que deseaban escuchar. Una avanzadilla del derecho de autodeterminación para aquellas comunidades que se consideraban hechos naturales en virtud de factores biológicos, geográficos o históricos.

La gran hora del autonomismo posibilista de los nacionalistas vascos es 1918, en que animados por los buenos resultados electorales de las municipales y con el alcalde de Bilbao y el presidente de la Diputación vizcaína en su bando, deciden acabar con el absentismo tradicional de su partido en los comicios generales. Aplicando el modelo catalán con que la Lliga de Cambó se presentara en 1901, los vasquistas se anunciaron como los políticos honestos que iban a terminar con el caciquismo corruptor y la pandilla de oligarcas que lo sustentaba. Se deslizaban de este modo por los cauces del populismo, cuando ya en sus filas militaba un nutrido contingente de clases medias urbanas, con centro en Bilbao, y se dejaba notar la influencia del sector económico, a cuyo frente estaba la familia Sota.

El independentismo radical de la ortodoxia sabiniana también se entrecruzó en el discurso electoral a través de los mensajes de las *Juventudes Vascas* que no se recataban en proclamar: *Tenemos que elegir mandatarios para un organismo extraño, para las Cortes españolas de Madrid. Los diputados vascos que a ellas llevemos deben saber que son extranjeros en esas Cortes, que no van a ellas a defender los intereses de España sino los sagrados de su Patria Euskadi.* Por mucho que el nacionalismo oficial, de orientación regionalista, desautorizase en su momento declaraciones como esa, no había duda de que tales sentimientos xenófobos eran muy compartidos.

El triunfo electoral de los nacionalistas en cinco de los seis distritos en que se dividía Vizcaya dejó sin escaño a los monárquicos vizcaínos, quienes comenzaban a barruntar que un pacto con el socialista Indalecio Prieto, dueño del acta de Bilbao, aseguraría la presencia española en la provincia, amenazada por los vasquistas. En Guipúzcoa sólo fue un escaño a poder de éstos, lo mismo que en Navarra, donde Manuel Aranzadi consiguió ser elegido diputado gracias al concurso de tradicionalistas y mauristas.

El nacional-lingüismo

La identificación del lenguaje de una colectividad con su conciencia nacional es un hecho histórico moderno que se vincula a la crispación de los nacionalismos europeos y que arranca de doctrinarios como Herder, que vieron en la lengua materna la suprema expresión del espíritu de un pueblo. Poniendo en tela de juicio el racionalismo de la Ilustración y el universalismo del latín, los ideólogos románticos convirtieron el idioma en manifestación sublime de la organización histórica de las naciones. En este delirio idealista Humboldt puso su grano de arena haciendo creer que el lenguaje era el órgano configurador del pensamiento. Y bien que se le hizo caso en una Europa amenazada por el imperialismo napoleónico y parapetada en sentimientos patrióticos que encontraban en el habla popular su expresión y refuerzo.

También para Sabino Arana el espíritu del pueblo y el genio de la raza se funden en la idea del idioma nacional. Aunque su lengua materna fue el castellano, el creador del nacionalismo vasco eligió el vascuence como destinatario exclusivo de los atributos carismáticos de la nacionalidad. Se trataba de una clara opción política que olvidaba que el castellano era también privativo de los vascos, aunque compartido con otras comunidades. Tan propio de los vascos que no es exageración afirmar que fueron éstos sus creadores al alimón con los hombres de Castilla, Aragón y Navarra. En tierras alavesas el castellano se habló antes que en el sur de Burgos y antes que en el reino de León y que en toda la Castilla, comprendida entre el Duero y el Tajo. Siglos antes de la incorporación de Navarra a la corona de Castilla, los navarros tenían el castellano como lengua propia y sólo en ella se expresaban por escrito.

Sin embargo, Sabino Arana juzgaba erróneamente que la lengua castellana había sido instrumento de una dominación política extranjera, encaminada a desterrar el vascuence. Nada más falso: el castellano no lo impuso en tierras vascas ningún poder forastero, sino que se habló en ellas como algo propio desde el primer momento de su aparición en los confines de Alava, Burgos y Vizcaya, conviviendo en armonía con el vascuence. Mucho antes de la descomposición del sistema foral en el siglo XIX y con anterioridad a la implantación de la enseñanza obligatoria en castellano, esta lengua se había convertido sin imposición alguna en la habitual de gran parte del País Vasco. Además, la aparición del vascuence en la palestra literaria fue tardía porque los vascos prefirieron escribir en su otra lengua, en la que se expresaban con naturalidad y en la que hasta el advenimiento de Sabino Arana nadie vio en ella contradicción alguna con la condición vasca.

A partir de entonces, el vascuence o euskera, repleto de connotaciones patrióticas y pasto de las ideologías políticas, no ha hecho sino crear desasosiego, hasta el momento actual en el que la coacción de su aprendizaje grava pesadamente la actividad de muchos vascos. El año 1901 es una fecha fuerte del conflicto de lealtades lingüísticas pues fue entonces cuando, a raíz de unas declaraciones de Unamuno abogando por el abandono y entierro solemne del euskera, arreciaron los artículos a favor y en contra de su tesis. En líneas generales, los *vascos del 98* y quienes decían hablar en nombre del progreso se alinearon con Unamuno mientras que Sabino Arana y todo el naciente nacionalismo vasco lo atacaron con virulencia.

Aun cuando, como ya se ha dicho, Arana escribió la mayor y más importante parte de su obra en castellano, aplicó al vascuence el mismo concepto de *pureza* que cimentaba la nacionalidad vasca. De esta forma, su xenofobia lingüística le llevó a intentar depurar el euskera de sus ingredientes románicos, que erróneamente atribuía al castellano, y a introducir distintas palabras de origen asimismo latino. Mayor daño hizo al idioma con su manía de acuñar neologismos tomando como base presuntas raíces autóctonas, que nada tenían que ver con el habla popular.

Entre las aportaciones de Arana más infectadas por ese singular purismo ninguna se ha hecho tan popular como su santoral, en el que se esfuerza por ofrecer la presunta traducción vasca de todos los nombres del calendario. El nomenclator de Arana provocó el varapalo de Resurrección María de Azcue, el gran euskerólogo, convertido en 1918 en primer director de la Academia de la Lengua Vasca.

Cuando Sabino Arana invadió el terreno del idioma fueron muchos los carlistas que abandonaron el cultivo del euskera porque pensaron que era cuestión de separatismo. Desde entonces siempre sobrevoló este fantasma los estudios de la lengua vasca. Como excepción ilustre destaca el diputado carlista Julio de Urquijo e Ibarra, miembro de la gran burguesía bilbaína, fundador de la *Revista Internacional de Estudios Vascos* en 1907.

El nacionalismo español

El triunfo electoral de los nacionalistas vascos fue fugaz y duró lo que resistió la versión regionalista del movimiento; aun así les dio tiempo de repetir triunfos en los comicios de 1919, en los que el socialista Prieto repitió en el escaño de Bilbao. A partir de entonces la burguesía vasca que conoce el percal abandona sus veleidades autonomistas y sin titubeos se sitúa enfrente de los hijos de Arana. Dando a éstos la importancia que tenían e intuyendo la que podían alcanzar, los burgueses bilbaínos se mostraban más perspicaces que hombres como Azaña que obsequió a los vasquistas con una de sus frases: *Esto del nacionalismo vasco es como el dominó en Valladolid, un fruto del aburrimiento provincial.*

Manos a la obra, la burguesía vasca buscó la forma de organizarse políticamente y la encontró en la *Liga de Acción Monárquica,* cuya estrategia y objetivos apostaron por una nueva derecha española, más beligerante y autoritaria y también más nacionalista. No debe pasar inadvertido este cambio de agujas del monarquismo vizcaíno que, si antes había roto lanzas a favor del reconocimiento político de la personalidad histórica del pueblo vasco, ahora, empujado reactivamente por las aspiraciones de los seguidores de Arana, parecía ir más lejos de lo que hubiera deseado en la defensa de una concepción unitaria del Estado.

Entre bilbaínos andaba el juego de los nacionalismos. Ahora otros vecinos de la Villa ponían en marcha la nave del nacionalismo español en medio de la tormenta de los vasquistas, cuyos propósitos desafiaban una cierta idea de España, la que de ahora en adelante habría de gestionar la gran burguesía. Ni que decir tiene que a partir de ese momento la reivindicación autonomista sería abandonada por la derecha vasca, a quien sólo la interesada defensa de los particularismos fiscales de los *conciertos económicos* logrará movilizar.

El Concierto consistía en un peculiar modelo fiscal basado en el *encabezamiento* provincial de los impuestos que percibía el Estado por los distintos conceptos. Las Diputaciones asumían ante el poder central la responsabilidad de responder a estas cantidades pactadas y, a su vez, se encargaban de recoger los impuestos con la autonomía suficiente como para que el régimen impositivo aplicado no tuviera que coincidir con el estatal. Esta independencia fiscal y el saldo financiero que dicha peculiaridad ponía en manos de las diputaciones convirtió a éstas en centros claves de la administración local del País Vasco.

El Concierto, además, contenía una indeterminación respecto de las funciones y de la autonomía real de las diputaciones, que las convirtió en inmensamente poderosas. A este respecto, el problema central radicaba en el desconocimiento práctico que la hacienda central tenía de la auténtica capacidad fiscal de las provincias vascas. La cantidad a pagar por cada una de ellas hubo de establecerse mediante estimaciones imprecisas y globales, sin datos estadísticos reales y que partían de la comparación con otras provincias que se consideraban con un nivel económico parecido. La negociación de los conciertos, el regateo con el Estado, siempre trajo consigo un torbellino de emociones autonomistas que, prendidas en el fuego del nacionalismo vasco, acabaron irremediablemente en memorial de agravios. Aunque estaba claro que esta antigualla fiscal favorecía al País Vasco, los nacionalistas de Sabino pescaron descontentos y litigantes en el río revuelto de la manipulación. El venenoso slogan *que nos quitan lo nuestro* servía al mismo tiempo para marcar la diferencia entre ellos y nosotros y aglutinar desazones y despechos a la sombra del partido vasco.

De espaldas a la tormenta

Desvanecido el entusiasmo económico de los años de guerra, derrotado el nacionalismo en las urnas y frustrada la esperanza autonómica por el desenganche de la burguesía, los más moderados de entre las huestes de Arana mal podían acallar a los voceros del independentismo que les acusaban de distorsionar el legado sabiniano y no haber obtenido resultado alguno en el reconocimiento político de la singularidad vasca. Dos grupos han surgido desde 1920 del tronco principal, centrando sus discrepancias en torno a la estrategia a seguir frente al Estado español. Mientras los *aberrianos,* capitaneados por Eli Gallastegui y con el tarro de las esencias aranistas en la mano, se mostraban intransigentes en su exigencia independentista, otra facción más posibilista y pragmática aspiraba a la obtención de un estatuto de autonomía en el marco de una actitud conciliadora. Tras un repertorio de enfrentamientos a lo largo de 1921, son expulsados los *aberrianos,* que en septiembre constituyen un nuevo *Partido Nacionalista Vasco,* recuperando el nombre originario que en 1916 había sido sustituido por el de *Comunión Nacionalista.* También se marchaba el hermano del fundador, Luis Arana, bien conocido por su talante intransigente y su obstinado independentismo.

El novel P.N.V. era sobre todo bilbaíno y vizcaíno y en él se manifestaba la importancia que en la sociedad vasca iban adquiriendo tanto la mesocracia urbana y el proletariado como el movimiento democrático y socialista español. Recuperando a Luis Arana el partido garantizaba su ortodoxia sabiniana y su beligerancia a favor del independentismo y contra el nacionalismo descafeínado de los comunionistas.

Así las cosas en la familia nacionalista, el general Primo de Rivera se hacía con las riendas del poder en 1923, después de un golpe de Estado de guante blanco y regia complicidad. Apenas si se oyó rechistar ante el cuartelazo de un ejército cada vez menos romántico y ya nada liberal. No había cumplido una semana el régimen de excepcion cuando un *decreto contra el separatismo* indicaba a los nacionalistas vascos el camino de los palacios de invierno. Mientras tanto los militares patriotas, con el santo y seña de la unidad de España, precintaron decenas de *batzokis* y cerraron periodicos. Quedó en pie el diario *Euzkadi* pero rigurosamente vigilado por la censura militar.

La intolerancia política de la dictadura militar trató de equilibrarse con una manga más ancha en el terreno de las manifestaciones culturales. A éstas se agarraron los nacionalistas vascos, buscando refugio y camuflaje de sus objetivos políticos. Cierto que la represión gubernamental envió a las catacumbas a la militancia partidista, pero no menos verdad es que aquellos años supusieron mucho para el todavía flaco nacionalismo vasco. Con un modelo defensivo que reportaría sabrosos dividendos, los hombres de Arana desplegaron toda una batería de símbolos culturales, amuletos patrióticos y rasgos de identidades, enormemente operativos en su pretensión de convertir al nacionalismo vasco en la única forma de *ser vasco.*

En sintonía con el más extremoso ruralismo y abjurando de proyectos culturales de mayor pluralidad e integración como el de la revista *Hermes*, los nacionalistas vascos se abrazaron al patrón excluyente de la cultura euskaldún, convirtiendo a la aldea en academia y al *txistu* en arquetipo musical. Queriendo volver a la pureza del primitivo nacionalismo vasco, tanto los aberrianos como los de la Comunión porfiaron en manifestaciones folklóricas y culinarias de *danzaris y chistularis,* que con empalagosa ingenuidad retrataban a un pueblo satisfecho. La lengua euskérica ocupa un lugar central en esa estrategia y se convierte a partir de esas fechas en aglutinador y movilizador del *hecho vasco*. De la celebración en Mondragón del *día del euskera* en 1927 arrancan las principales líneas de acción propagandística que llevarán a las movilizaciones populares en defensa del idioma de los años de la República y de los tiempos actuales.

Otras realizaciones del nacionalismo vasco de la dictadura primorriverista habrían de mostrar también su operatividad y arraigo. Con el pretexto de fomentar la afición montañera en los jóvenes, los discípulos de Arana habían creado en 1908 una organización de encuadramiento político, los *mendigoizales*, que conoció en los años veinte su gran desarrollo y prosperidad. Ponderando la pureza de la vida en las cumbres y el esfuerzo forjador de la práctica escaladora, los ideólogos nacionalistas colaron un arsenal de prejuicios raciales, primitivismo y autoafirmación de identidad. En olor de camaradería y autenticidad, el nacionalismo vasco cultivaba el reclutamiento juvenil a la espera de mejores tiempos.

En la misma línea y conociendo la trascendencia de las redes asociativas en el País Vasco, los nacionalistas volvían a dar en la diana al impulsar el movimiento de mujeres *Emakume Abertzale Batza*, que a imitación de las patriotas irlandesas se había fundado en 1922. Hasta ese momento apenas habían participado las féminas en las actividades nacionalistas, llegándose a discutir incluso si debían intervenir en *las luchas patrióticas* . Desde entonces han sido las mujeres junto con los curas, los grandes difusores del nacionalismo vasco dando la razón al furibundo fuerista Fidel de Sagarmínaga, cuando les adjudicaba dicho papel en la propagación del carlismo: *sin la predicación político-religiosa de unos y sin la exaltación y frenesí de las otras ni los generales carlistas llegaron a acaudillar soldados, ni los flamantes corregidores a vestir toga, ni los ambiciosos de profesión a encumbrar personas*. En pliegues de emotividad y sensiblería, las mujeres vascas, las *emakumes*, acunaron el sentimiento de amor a Euskadi, haciéndose insustituibles en su papel de ideologización política y prestando con naturalidad el gran símbolo materno a la idea de la patria vasca.

BIBLIOGRAFIA

La aparición de las teorías de Sabino Arana y Goiri traerá consigo tras su muerte una serie de escritos, firmados —por regla general— por sus más fieles servidores que, o bien se limitaban a parafrasearle, o ampliaban algunos de los puntos de la doctrina aranista que más gustaban. Así pues, para situar histórica e intelectualmente las coordenadas de esta primera hornada de textos nacionalistas, contamos con los siguientes libros: JAMAR, Joaquín, *Lo que es el Fuero,* Imprenta de La Voz de Guipúzcoa, San Sebastián, 1904. IBERO EVANGELISTA, *Amí Vasco,* Imprenta de E. Arteche, Bilbao, 1906. IBERO EVANGELISTA, *Muera la mentira, viva la verdad,* Buenos Aires, 1907. ELIZALDE, Luis, *Cuatro Conferencias,* Publicaciones de la Editorial Vasca Euzko-Argitaldaria, Bilbao, 1918, donde se recogen dos discursos apologéticos ensalzadores de la fuerza y virtudes de la juventud vasca, y otros dos en los que se defiende a capa y espada el euskera de la «contaminación» del español. Desde una óptica también nacionalista escribió ARANZADI, Engracio, *La nación vasca,* Imprenta Viuda e Hijos de Grijelmo, Bilbao, 1918, y ARABA y BELAUSTEGUI, Teodoro, vuelve a enfatizar en la defensa vasquista más viva en su trabajo *Fraternidad vasco-histórica,* Editorial Vasca, Bilbao, 1921.

Para contrarrestar estas teorías «sabinianas», Gregorio BALPARDA publicó *Errores del nacionalismo vasco,* Imprenta de Juan Pueyo, Madrid, 1918. Juan OLAZÁBAL y RAMERY también estudiaría a fondo la cuestión nacionalista desde una perspectiva integrista en las siguientes obras: *Liquidando cuentas y cuestiones candentes que interesan a todos los vascos,* San Sebastián, 1918. *Errores nacionalistas y afirmación vasca,* San Sebastián, 1919. *El sufragio universal, el nacionalismo y los Fueros,* Tipografía Baroja, San Sebastián, 1919.

Los años comprendidos entre 1900 y 1931 son los que menos han interesado a los historiadores del movimiento nacionalista. Tan es así que carecemos de una obra que reúna con cierto rigor científico cuáles fueron las trayectorias de los discípulos de Sabino Arana en estas fechas. Para suplir esta carencia es preciso acudir a MONTERO, Manuel, «Régimen liberal y autonomía vasca», en *Revista Saioak* n.º 5, 1983; FERNÁNDEZ DE PINEDO, E., «Las dudosas bases económicas del primer nacionalismo vasco en el último cuarto del siglo XIX», en *Revista Cuadernos de Alzate* n.º 2, primavera de 1985. SAN SEBASTIÁN, Koldo, *Noventa años de nacionalismo (1895-1985),* Publicaciones del Semanario Euzkadi, Bilbao, 1985. SAN SEBASTIÁN, Koldo, *Historia del Partido Nacionalista Vasco,* Editorial Txertoa, San Sebastián, 1984. PABLO, Santiago de, *El nacionalismo vasco en Alava (1907-1936),* Bilbao, 1988. En GARCÍA DE CORTÁZAR y MONTERO, Manuel, *Diccionario de Historia del País Vasco,* Editorial Txertoa, San Sebastián, 1983, véase la voz «nacionalismo» donde se dedica una parte a la evolución de éste en la etapa mencionada. De los mismos autores, *Historia contemporánea del País Vasco,* Editorial Txertoa, San Sebastián, 1982, libro que cuenta entre sus páginas con aportación documental útil.

Consúltese también CARRASCO, S., «El sindicalismo católico libre en el País Vasco, 1913-1923», en *Volumen VI del II Congreso Mundial Vasco,* Editorial Txertoa, San Sebastián, 1988, pp. 265-277. URQUIJO y GOITIA, «La crisis de 1917 y las reivindicaciones autonómicas vascas», en *Volumen VII del VI Congreso Mundial Vasco,* Editorial Txertoa, San Sebastián, 1988, pp. 305-310.

Si se desea saber cuál fue la trayectoria del nacionalismo durante el período concreto de la dictadura de Primo de Rivera (1923-1930), el análisis más detallado se debe a RAMOS, Cipriano, «El nacionalismo durante la dictadura de Primo de Rivera», en *Revista Letras de Deusto* n.º 31, enero-abril 1985. Completa esta valiosa aportación la obra de LARRAÑAGA, Policarpo de, *Emakume Abertzale Batza, la mujer en el nacionalismo vasco,* tres volúmenes, Editorial Auñamendi, Zarauz, 1978. GONZÁLEZ MARTÍNEZ, Gonzalo, «Reacciones ante el golpe de Estado de Primo de Rivera en Vizcaya», en *Volumen VII del II Congreso Mundial Vasco,* Editorial Txertoa, San Sebastián, 1988, pp. 159-169, y también las páginas que FUSI, Juan Pablo, dedica a la dictadura en *Política, nacionalidad e Iglesia en el País Vasco,* Editorial Txertoa, San Sebastián, 1988. La salvaguardia de la autonomía fiscal que los fueristas logran mantener a capa y espada con el gobierno Cánovas a través de los llamados conciertos económicos tras la ley abolitoria de 21 de julio de 1876, puede estudiarse en las siguientes obras: VICARIO DE LA PEÑA, Nicolás, *Los conciertos económicos de las provincias vascongadas,* Imprenta de Andrés P. Cardenal, Bilbao, 1902. G ASCUE, F., *El Concierto Económico y las haciendas municipales vascas,* Imprenta de la Provincia, San Sebastián, 1919; ZABALA y ALLENDE, Federico, *El Concierto Económico,* La Editorial Vizcaína, Bilbao, 1927. ZURITA SÁENZ DE NAVARRETE, *Cien años de Concierto Económico,* Ediciones de la Diputación Foral de Alava, Vitoria, 1977. CASTELLS ARTECHE, Luis, *Fueros y conciertos económicos, la Liga Foral Autonomista de Guipúzcoa, 1904-1906,* Editorial Haramburu, San Sebastián, 1980.

La acumulación de capitales y las transformaciones sociales que se operan en el País Vasco desde el último tercio del siglo XIX hasta la llegada de la II República se detallan en ORUETA, J., *El País Vasco ante el problema regional,* San Sebastián, 1907. FUSI, Juan Pablo, *Política obrera en el País Vasco, 1880-1923,* Ediciones Turner. Madrid, 1975. GÁRATE, Montserrat, *El proceso de desarrollo eco-*

nómico en Guipúzcoa, Editorial de la Cámara de Comercio de Guipúzcoa, San Sebastián, 1976. OLABARRI GORTÁZAR, Ignacio, *Relaciones laborales en Vizcaya, 1890-1930,* Leopoldo Zugaza, editor, Durango, 1978. GONZÁLEZ PORTILLA, Manuel, *La formación de la sociedad capitalista en el País Vasco, 1876-1913* (2 volúmenes), Editorial Haramburu, San Sebastián, 1981. ARANA PÉREZ, Ignacio, *El monarquismo en Vizcaya durante la crisis del reinado de Alfonso XIII, 1917-1931,* Ediciones de la Universidad de Navarra, Pamplona, 1982. EGUIGUREN, J. M., *El PSOE en el País Vasco,* Editorial Haramburu, San Sebastián, 1984. LABORDA, Juan José, «Catolicismo, industrialización y nacionalismo en la vida política vasca contemporánea», en *Revista Cuadernos de Alzate* n.º 2, primavera de 1985. CASTELLS ARTECHE, Luis, *Modernización económica y dinámica política en la sociedad guipuzcoana durante la Restauración, 1880-1915,* Madrid, 1987. LUENGO TEIXIDOR, F., «El proceso de modernización económica de Guipúzcoa a través de la formación de sociedades mercantiles, 1886-1923», en *Volumen V del II Congreso Mundial Vasco,* Editorial Txertoa, San Sebastián, 1988, pp. 113-122. MONTERO, Manu, *Mineros, banqueros y navieros,* Departamento de Historia Contemporánea de la Universidad del País Vasco, Bilbao, 1990.

Los aspectos lingüísticos y culturales del período que abarca este capítulo aparecen descritos con notable claridad expositiva en JUARISTI, Jon, *Literatura vasca,* Taurus Ediciones, Madrid, 1987.

Capítulo IV

LA PATRIA CLERICAL

CUANDO los liberales radicales del siglo XIX acuñaron la expresión conminatoria *la Iglesia en la sacristía* estaban manifestando el anhelo de laicidad que recorría Europa y que se consideraba conquista irrenunciable del espíritu moderno. La historia había llegado a un punto en el que se presentaba la ocasión de cumplir la encomienda evangélica de dar al César lo que le corresponde y a Dios su porción. Pero en ese panorama liberal de esclarecimiento de ámbitos y esferas irrumpieron con vehemencia los nacionalismos y —unos más que otros— confundieron lealtades, mezclando símbolos y liturgias, e intercambiaron amores de religiones y patrias. Todavía no se ha arreglado tamaño desaguisado y, como la imagen de nación ha devenido más popular que la de religión, se ha entregado ésta con armas y bagaje a la sacra tarea de alumbrar patriotas.

En el ámbito español puede afirmarse que la beligerancia eclesiástica, desplegada a lo largo de la llamada Guerra de la Independencia, contribuyó al robustecimiento de los lazos que unían a la religión con la emergente idea de nación. De esta forma, en la línea de salida de la carrera de los nacionalismos la Iglesia aparecía ya como legitimadora y sacralizadora de un sentimiento destinado a transformar el mundo. La espiritualización y mixtificacion progresivas del concepto de nación y su distanciamiento de los elementos reales y de los supuestos sociales que pudieran definirla serían obra del romanticismo político pero también de la redoma religiosa. La historia confirmaría en adelante la obstinación del clero en sacramentar la nación vasca, como lo había hecho con la española, aun antes de su elevación a los altares constitucionales en Cádiz.

Alrededor de casi todos los nacionalismos conservadores se apiñan los curas en tal número y con tanta fogosidad que no pocos polítologos vienen destacando la importancia de la contribución cristiana a la contextura y propagación de dicha ideología. Se esgrimen distintos argumentos para dar razón de esa proclividad nacionalista de la clerecía. El clima emocional que envuelve al comportamiento religioso prefiere antes las cálidas y piadosas abstracciones de la nación o pueblo que las frías y materiales reivindicaciones de la clase social. Cualquier pueblo o comunidad imaginaria para sentirse y afirmarse como nación necesita un Dios o al menos una Justicia histórica que urjan la realización de un destino trascendente; precisa percibirse como víctima inocente de las insidias exteriores en un mecanismo engrasado con chivos expiatorios y demonios familares.

Cargado de valores espirituales y gaseosos, el nacionalismo más que cualquiera otra ideología reafirma la verdad evangélica que recuerda la indigencia del hombre, destinado a vivir no sólo del pan cotidiano. Asimismo, todo el filonacionalismo veterotestamentario recreado en la religión cristiana sirve para alimentar la ensoñación del pasado y las imágenes de pueblo elegido y mesías, tan queridas de las elucubraciones nacionalistas.

En el mundanal ruido

Todas estas conexiones y determinados desarrollos históricos se conjugaron en la Iglesia del País Vasco de tal manera que a ninguna otra institución debe tanto el nacionalismo sabiniano. Y esto ha sido así porque jamás la clerecía vasca se ha visto obligada a refugiarse en las sacristías ni ha elegido nunca esta trastienda para su actividad evangelizadora. Antes al contrario, los curas y frailes vascos, siempre cercanos a su clientela, tienen bien ganada fama de arrastrar a ésta a políticas de variado color. En verdad, la Iglesia vasca de la edad contemporánea rebosa política por todos sus costados. Política aceptada o política replanteada pero siempre política. Claro está que no es lo mismo ser política haciendo el caldo gordo al poder establecido que ser política identificándose con algún sector arrinconado de la sociedad. Una y otra forma de ser política retratan a la Iglesia vasca de este siglo.

No hay ni hubo nunca apoliticismo o neutralidad en la Iglesia del País Vasco. Asimismo, desde la revolución francesa hasta hoy la política de la Iglesia es un plagio torpe de la política civil. De nada sirve que enmascare sus apetencias terrenas con palabrería religiosa de redención o salvación, pueblo o servicio, tarde o temprano aparecerá diáfana su cabalgada por el mundanal ruido y su apuesta por una política concreta. Las protestas de los obispos vascos —y las hay abundantes— contra las interpretaciones en clave política de ese lenguaje aparentan desconocer las ineludibles mediaciones seculares de toda palabra, religiosa o no, pronunciada en el espacio político. Acontece por otro lado que no han sido pocas las incursiones de la jerarquía en campos preferentemente políticos, cuya consideración y análisis difícilmente pueden hacerse desde una óptica religiosa, como parecería ser el gusto de los prelados.

El debate actual sobre la privacidad o publicidad exigible o permisible a la Iglesia y en especial a sus jerarcas tiene el telón de fondo de una historia, en la que la religión y su representación institucional conformaron a sus anchas las mentes y las conciencias vascas, haciéndose insustituibles en el liderazgo de la sociedad. Además, las relaciones e influencias de la Iglesia sobre las instituciones civiles de la sociedad le hicieron aparecer como el puro poder. Máxime cuando la búsqueda de un espacio público, donde desenvolverse convenientemente, enfrentó a la Iglesia con la democracia que para convertirse en algo real debió emanciparse de su tutela.

Hay algo también meridianamente claro en la Iglesia vasca contemporánea. No es una Iglesia tan monolítica como para no ofrecer una imagen diversa, de acuerdo con la heterogeneidad de sus miembros y de las provincias que apacienta. A mayor abundamiento, y por mucho que se pretenda disfrazar la realidad eclesial bajo capa de pluralismo, la Iglesia vasca, más que la de cualquiera otra región de España, es una Iglesia erosionada por la división y la polémica. La Iglesia vasca, sobre todo la del siglo XIX, la que sufre los desmanes de las ideologías nacionalistas, no ha vivido en situación de diálogo sino de pelotera, que es muy distinto. A medida que un sector de esa Iglesia apretaba el acelerador en la afirmación de la nacionalidad vasca —ocurría lo mismo que en la sociedad civil— se desataban tensiones en las filas eclesiásticas y zozobra entre los fieles.

De las querellas y riñas del clero vasco finalmente hay que subrayar que sorprenden por su radicalidad. No existe otro en España tan enérgico y contundente en su apremio y protesta. Alguna vez lo escribieron los propios obispos de las diócesis vascas y más de uno echó la toalla pidiendo el relevo. No obstante, a pesar de la dificultosa gobernabilidad de esa agitada clerecía, informes de la nunciatura la consideraban en el cambio de siglo, como la mejor de España por su tesón apostólico y decidida entrega a su parroquia.

El demonio nacionalista

La literatura religiosa de todas las épocas rezuma semblanzas e inventarios de la tentación, en una catequesis que hace del hombre objeto de persecución y acecho. Distintos demonios han rondado también a la Iglesia pero ninguno de ellos ha conseguido seducirla tanto como el oportunismo puro y duro, aunque siempre disfrazado. El Luzbel nacionalista hace tiempo que en el País Vasco la tiene embelesada y por lo que las urnas auguran no parece que quiera a corto plazo desengancharse.

La tentación nacionalista es la gran prueba de la Iglesia vasca en la presente centuria y su gran derrota, la que le priva de su capacidad relativizadora de las ideologías y le arrebata su oficio de contestación al sistema. Es entonces cuando el poder crítico de la Iglesia degenera en simple y obsequioso colaboracionismo. Si las dos guerras carlistas sirvieron para sellar, una vez más, el entendimiento entre el campesinado y el clero vasco, el tinglado nacionalista habría de consagrar la consonancia de la fe católica con aquella nueva patria del neologismo de Arana. Desde entonces el destino de la Iglesia no podría separarse de la suerte de un movimiento —el nacionalismo vasco— que más que nadie había ayudado a parir y criar.

El apego de los eclesiásticos a la substancia nacionalista y el fervor desplegado en su propagación encuentran una explicación en la naturaleza dinámica del sentimiento religioso y en su facultad de sublimación y mitificación de la realidad. Por otra parte, el populismo nacionalista pregonero de una moral colectiva capaz de lograr la epifanía de la patria vasca se emparejaba cómodamente con el populismo cristiano, que con la redención alcanzaría la patria celestial y la resurrección.

Ya se ha dicho que la doctrina del inventor del nacionalismo vasco tenía, con el cambio de siglo, todos los ingredientes para espolear el integrismo religioso de la clerecía vasca. ¿Cómo no iban a escuchar con deleite los sacerdotes vascos los dogmas sabinianos de *subordinación de lo civil a lo religioso* si además constituían las *bases fundamentales para la constitución del pueblo vasco?* De repente se deshacían de la pesadilla de esos años, en los que el Estado liberal reivindicaba el carácter emancipado de la política. El modelo de acoplamiento entre religión y política que proponía Arana coincidía plenamente con el de la Iglesia y era la antítesis de la democracia. Un Estado legitimado en la religión siempre será un Estado irracional y autoritario.

Habría de ser esa imbricación de religión y política que el nacionalismo consagraba la que tentaría a una porción de la clerecía vasca, la misma que ya había jugado la baza del carlismo que establecía parecida correlación institucional entre el Estado y la Iglesia. Pero surgía ahora algo novedoso: el camino hacia la patria vasca sólo podría recorrerse con el auxilio de la religión y el afán libertador del pueblo oprimido.

Con la manipulación de la noción de *pueblo* —que, claro está, no es una categoría intelectual virgen— el nacionalismo ofrecía a los eclesiásticos campos inéditos de ministerio sacerdotal, que en adelante serían esmeradamente roturados. Símbolos y lenguaje, dentro de la mística vasquista, vendrían a proclamar la naturaleza sacerdotal del servicio a un pueblo, a quien se retrataba en fase de aniquilamiento y cuya salvación étnica debía ser el objetivo primordial de la Iglesia. En suma, la religión de bienaventuranza propia del cristianismo se travestía en credo de liberación sociopolítica, lo que equivale a afirmar que entre el destino divino del hombre vasco y su meta liberacionista existe una perfecta identidad. La mano justiciera de Dios también pende sobre los que descuidan sus deberes para con Euzkadi. En una pirueta bíblica que habría de crear escuela dentro del nacionalismo, Engracio de Aranzadi confesaba que los vascos estaban sufriendo las mismas contrariedades que los judíos por cometer el más abominable pecado, el deicidio, o lo que es lo mismo la pérdida de la patria.

Las convicciones nacionalistas no presentaban, en principio, riesgo alguno para los clérigos vascos, ansiosos de certezas ideológicas en un mundo inseguro que ya no podía ofrecérselas. Así que no debe extrañar que con simultaneidad a la enunciación del evangelio sabiniano, algunos curas vascos aparecieran como pontífices de la nueva creencia. La obra del capuchino navarro Evangelista de Ibero ilustra, en los primeros años del siglo, la recepción eclesiástica del programa político-religioso de Sabino Arana.

Al enmascarar la dicotomía religión-política, el nacionalismo vasco esquivaba los inconvenientes que la militancia partidista generaba en unos años en los que la propaganda católica insistía en que *ni un pensamiento para la política; todo, hasta el último aliento, para la religión*. Por ello nunca los curas nacionalistas se percibirán a sí mismos *haciendo política,* cuando propagan los insolidarios dogmas sabinianos o predican los grandes principios del vasquismo etnocéntrico. Jamás se sentirán metidos en política porque el servicio a la causa de la nación vasca es para ellos un genuino ministerio sacerdotal. Paradójicamente, el partido que más propagandistas iba a encontrar entre los sacerdotes y religiosos, el PNV, no sólo les prohibía a éstos ocupar puestos de mando sino también figurar como simples afiliados.

El lenguaje religioso

Quien tiene el lenguaje —se ha escrito— tiene el poder. Pero también se puede afirmar que el poder crea el lenguaje, lo pervierte y pone a su servicio. Más que ninguna otra, la ideología nacionalista ha mostrado su colosal capacidad de seducción lingüística, combinando ideas-fuerza y retórica sentimental. En esta línea, el nacionalismo vasco tiene que agradecer los cuantiosos préstamos que la religión viene haciendo a su expresión política y la fuerza socializadora de los símbolos sacros.

Es bien sabido que religión e ideología a menudo se solapan y confunden, y que la una puede esconderse cómodamente bajo el manto de la otra. La ideología nacionalista y la religión católica se entreveran y comparten territorios, poseen liturgias y rituales, son medios de producción emocional y dan sentido a la vida. En la prosa vasquista, Sabino Arana es el Mártir, el Padre, el Maestro, siempre en mayúsculas, como en la literatura sagrada se denomina a Jesucristo o a Dios-Padre. Por su ideal los nacionalistas *hemos ofrendado nuestra vida y nuestra sangre toda,* se lee en el diario *Euzkadi*.

Es Sabino Arana el Maestro no sólo porque en su palabra se contiene la doctrina verdadera, sino también porque la verdad que hay en su enseñanza tiene poder redentor. Convertida en mensaje salvífico, la doctrina sabiniana exigirá del buen vasco su asentimiento intelectual y su apego, pero asimismo la sumisión de su voluntad a sus exigencias. Sólo por este medio se podrá seguir el *camino recto,* que en su día trazara el Maestro, la única vía que lleva a la restauración de la patria vasca, a la *aurora de la resurrección de la nacionalidad*. La Pasión y Resurrección de Jesucristo sirven de alegoría inmutable de la peregrinación del pueblo vasco, cuyo *Aberri-eguna* (día de la patria) se festejará deliberadamente el Domingo de Pascua.

Pero no se reducen a éstos los remedos del lenguaje bíblico; los enemigos del nacionalismo serán comparados a las turbas que pedían la muerte de Jesús, mientras la otra gran muchedumbre seguía *el hosanna de las legiones patrióticas y su viril clamor en favor de Euskadi y sus defensores*. Por ello el apostolado nacional debe ser un sentimiento profundo, una obligación imperiosa de los vasquistas que cuentan con el ejemplo de sus primeros correligionarios, cuyo patriotismo les hizo inflamar en el *fuego de Pentecostés*.

Es claro que el paradigma del lenguaje religioso resultaba tan familiar a los nacionalistas como a su promotor Sabino Arana. La iconografía vasquista, sacralizadora de la *ikurriña* o el árbol de Guernica, también sirve para recordar las fuentes cristianas en las que con exclusividad bebieron los propagandistas del nacionalismo. No puede negar su origen *bizkaitarra* el converso socialista Tomás Meabe, antiguo amigo de Arana, cuando despliega una panoplia de símbolos religiosos para cantar la gesta del proletariado vasco y condenar a la Iglesia.

Peleas con los obispos

Por mucho que unos cuantos sacerdotes vascos se sintieran tentados por el nacionalismo, la jerarquía no hizo esfuerzo alguno por comprender un movimiento que hablaba de una patria bien distinta de la que había sido enseñada a respetar. El régimen de la Restauración mediante un cuidadoso mecanismo de selección les había hecho obispos y no suelen abundar los prelados revolucionarios cuando existe un Concordato por medio. En verdad, las prelacías sentían tanta repugnancia como su clero frente a los principios del liberalismo pero con la mitra se sentían más componedores y pactistas. Estaba claro que, de la noche a la mañana, los obispos no iban a renunciar a su modelo tradicionalista de vínculo religión-sociedad pero siempre podría esperarse el que supieran armonizar hábilmente la fidelidad ideológica con el posibilismo práctico. Y es lo que sucedió. Además, la náusea que a la Iglesia le producía el liberalismo se la hacía olvidar la otra cara del orden burgués, con su defensa de la familia, la propiedad privada y la autoridad.

También la burguesía en el poder estaba predispuesta al entendimiento práctico con la Iglesia, cuya moral parecía destinada a convertirse en el soporte perfecto del liberalismo establecido. A los obispos vascos la burguesía de la industrialización, la nobleza siderúrgica, le encandilaba y, devoción por devoción, no echaban de menos a sus parroquianos del carlointegrismo, tan llenos de piedad como intransigencia. Primos hermanos de ellos, los nacionalistas vascos rebosantes de buenos deseos para con la Iglesia pronto se dieron cuenta de que no se podía esperar apoyo alguno de los obispos. Antes al contrario, no había muerto Arana cuando la jerarquía ya estaba situada respecto de su movimiento y se preparaba a combatirlo. También el propio Sabino Arana conoció la reprimenda episcopal por escribir ciertas reflexiones xenófobas sobre *nuestro clero y el advenedizo.*

Las malas relaciones del nacionalismo vasco con los distintos obispos que pastoreaban el País Vasco saltan a la calle por obra de José Cadena y Eleta, que desde su sede vitoriana se opuso a las innovaciones lingüísticas de los *bizkaitarras* en el registro parroquial. Al verse frustrados en su deseo de inscribir en vascuence los nombres de sus hijos después del bautizo, los nacionalistas arremetieron en sus publicaciones contra la normativa eclesiástica. Tampoco se amilanó el prelado que se defendió con una pastoral en la que pedía a sus diocesanos que no se dejaran arrastrar por las ideas nacionalistas que *si por el momento sirven para halagar la imaginación de la juventud, a la larga han de entenebrecer su inteligencia y corromper su corazón.*

Las congregaciones religiosas también fueron prevenidas, en 1913, contra la nueva política, mediante una nota del Nuncio que los vasquistas, cada día más beligerantes, hicieron pública con el sano propósito de mostrar las persecuciones que sufrían por la patria.

Vigilen el bizkaitarrismo de algunos religiosos vascongados, los cuales con esa actitud separatista no sólo pierden el espíritu de la Orden sino que se hacen odiosos al Gobierno y a la Nación. Conviene que vigilen el catalanismo, aun cuando en este último parece notarse menos falta de prudencia y moderación.

La parroquia está ya muy alborotada en 1917 al llegar a la diócesis de Vitoria el gallego Leopoldo Eijo y Garay. Sus continuos llamamientos a la *concordia de las voluntades* y a la *uniformidad en la acción* hacen pensar en una clerecía sumida en la polémica y recorrida por la división. Sabía muy bien el refinado prelado que su cruzada pacificadora no podía tener éxito en aquel gallinero en el que curas, de uno u otro jaez, se resistían a actuar de apaciguadores. Pero fue a los sacerdotes nacionalistas a quienes más fustigó, inculpándoles de agitadores y agentes de división.

Gran revuelo provocó en mayo de 1923 la excomunión lanzada por Eijo contra el católico director del no menos católico diario *Euzkadi.* La culpa la tuvo un artículo del nacionalista alavés Ramírez de Olano, reprobando el discurso patriótico-religioso que el cardenal Benlloch, arzobispo de Burgos, pronunció en la coronación de la Virgen de Estíbaliz. Fue la identificación de España con el catolicismo lo que les molestó. Aunque tanto el articulista como el director cantaran la palinodia, unos días más tarde, estaban seguros de haber puesto el dedo en la llaga de la sacralización de la patria, de esa que a ellos no les gustaba pero a la que la jerarquía eclesiástica había recibido la orden de hacer acatar. Los diferentes gobiernos pusieron sumo esmero en enviar al País Vasco obispos fieles a la Corona y detractores de la ideología vasquista; asimismo, superado el miedo al carlismo, fueron generosos en la promoción al episcopado de sacerdotes nativos. La querencia carlista, la simpatía por el tradicionalismo, concebido como una forma eximia de españolismo, sería considerada, a partir del arranque del siglo XX, como el mejor antídoto contra el separatismo vasquista y en consecuencia gustaría su reflejo en las biografías episcopales. Hasta finales de la presente centuria habría de ser la huella del nacionalismo vasco la que se rastreara en los candidatos a la mitra, siendo inmediatamente apeados todos los sospechosos.

Cambio de sotana

Si bien es cierto que el nacionalismo vasco contó desde su nacimiento con buenos propagandistas en las filas de la clerecía, no lo es menos que hubieron de pasar bastantes años hasta que se detectó una clara orientación nacionalista en un nutrido grupo de ella. Fueron los curas vizcaínos los primeros en incorporarse a la familia sabiniana, que más tarde se ampliaría con jóvenes presbíteros guipuzcoanos. En los treinta años anteriores a la llegada de la República se ordenaron sacerdotes cerca de 1600 aspirantes de la diócesis de Vitoria, siendo este sector el que con mayor celeridad reflejó la impronta vasquista.

No obstante, hubo de ser la acometida electoral de los nacionalistas y su apabullante victoria de 1918 en Vizcaya las que dieron el empujón definitivo a un buen número de catecúmenos del clero. Los jóvenes sacerdotes se desenganchan del carlointegrismo y suben al carro vencedor del nacionalismo, siguiendo el ejemplo de las clases medias y del campesinado en progresiva proletarización. Aquella ideología novedosa y casi clandestina pasaba a ser la convicción apasionada de muchos vizcaínos y algunos menos guipuzcoanos que siempre tuvieron al clero a su lado, como propulsor y compañero de sus solicitudes políticas.

La movilización del clero joven tras el credo nacionalista traería consigo una decidida voluntad de encuadrar a su fieles en la nueva política interclasista, que enmascaraba la lucha de clases con la proclamación de la fraternidad en la raza y en la común fe religiosa. La impiedad es *maketa,* había escrito Campion expresando un sentimiento muy generalizado entre sus correligionarios. Las relaciones de los nativos con el proletariado inmigrado son difíciles y en nada ayuda la penosa condición social y cultural de los recién venidos. El clero no quiere aventuras —tampoco está preparado para ellas— y prefiere apostar por lo seguro: su clientela de siempre, sus raíces y su autoridad.

Con los nacionalistas al frente de no pocos ayuntamientos y sentados en las Cortes españolas, el clero llano pensó que había llegado el momento de apoyar una doctrina que, después del hundimiento del carlismo, devolvía a los ministros de la Iglesia el omnicomprensivo caudillaje popular que la ideología liberal ponía en entredicho. No sólo era, sin embargo, la entraña religiosa del nacionalismo vasco la que atraía al clero de la región; también su ingrediente de oposición al centralismo liberal y la promesa de una nueva política alejada del deterioro de los partidos de la época resultaban más que sugestivos. El gobierno muy poco sensible a las peculiaridades vascas parecía como si se esforzase en dar argumentos a la disidencia de un clero, que llevaba muchos años y bajo distintas banderas procurando mantener despierta la conciencia de la propia identidad de su gente.

A la llegada de la dictadura de Primo de Rivera la suerte está echada para la Iglesia vasca. Con ánimo de combatirlo o propagarlo, siempre será el nacionalismo vasco su compañero inseparable y su aguijón. La historia dará vuelcos pero nunca tan grandes como para apartar del horizonte de la Iglesia la presencia del nacionalismo vasco y del binomio Dios-Euskadi que ya Sabino Arana patentara. La jerarquía eclesiástica será en muchas ocasiones lo que quiera el poder civil; el clero vasco, poco acostumbrado a respetar los compromisos políticos de sus prelados jamás renunciará a compartir un sentimiento casi telúrico, mezcla de religión y patria, con el hechizo de la independencia al fondo. En su emparentamiento con la clerecía radicaría la buena fortuna del nacionalismo que a partir de entonces podría capitalizar el seguidismo de los vascos a sus curas y la combatividad política de éstos.

BIBLIOGRAFIA

Una institución clave en la historia contemporánea del País Vasco como es la Iglesia y su vinculación inmediata al movimiento nacionalista de Sabino Arana, ha llamado la atención de los historiadores. Ahora bien, si la Iglesia vasca es objeto de la curiosidad de los estudiosos, no es sólo porque su capacidad endoctrinadora y socializadora le pudo dar un predominio absoluto en la configuración del comportamiento de los vascos. Además, sus relaciones e influencias sobre las instituciones civiles de la sociedad le hicieron aparecer como el puro poder. Precisamente sobre éste y otros interesantes aspectos de las andanzas eclesiásticas, véase de GARCÍA DE CORTÁZAR, Fernando, los siguientes trabajos: «Guerra y religión en el País Vasco» (1808-1876), en *I Semana de Estudios Eclesiásticos del País Vasco,* publicado por la Facultad de Teología de Vitoria, 1980; «La renovación de los efectivos eclesiásticos en la España de la Restauración», en *Estudios Eclesiásticos,* enero-junio 1981; «La Iglesia vasca del Carlismo al nacionalismo (1870-1936)», en *Estudios de Historia Contemporánea del País Vasco,* Editorial Haramburu, 1982; «La Iglesia vasca, entre la profecía y la sumisión», en *Cuenta y Razón* n.º 33, enero 1988; *Política, nacionalidad e Iglesia en el País Vasco,* Editorial Txertoa, San Sebastián, 1988; «La Iglesia en España: organización, funciones y acción», en *Enciclopedia de Historia de España* (Volumen III), Alianza Editorial, Madrid, 1988. Puede completarse este recorrido bibliográfico religioso con las siguientes obras: MONTOYA, Pío de, *La intervención del clero vasco en las contiendas civiles,* San Sebastián, 1971. LIPUZCOA, Manuel E., *La Iglesia como problema en el País Vasco,* Editorial Ekin, Buenos Aires, 1973. RODRÍGUEZ DEL CORO, Francisco, *El obispado de Vitoria durante el sexenio revolucionario,* Vitoria, 1976; del mismo autor, *País Vasco, Iglesia y Revolución Liberal,* Vitoria, 1978. LANNON, F., «A basque challenge to the pre-civil war spanish», en *European Studies Review,* Vol IX, 1979; del mismo autor, *Privilege, persecution and prophecy. The catholic church in Spain, 1875-1975,* Oxford, 1987. VV. AA., *I Semana de Estudios de Historia Eclesiástica del País Vasco,* Vitoria, 1981. JULIA, Santos, «Fieles y Mártires», en *Revista de Occidente,* n.º 23, abril de 1983. LABORDA, J. J., «Catolicismo, industrialización y nacionalismo en la vida política vasca contemporánea», en *Cuadernos de Alzate* n.º 2, 1985. VILLOTA ELEJALDE, Ignacio, *La Iglesia en la sociedad española y vasca contemporánea,* Editorial Desclée, Bilbao, 1985.

Desde una perspectiva más puramente nacionalista, ALDAY, Jesús María, escribió *La voz del clero vasco en defensa de su pueblo* (II volúmenes), Editorial Idatz Ekintza, Bilbao, 1986.

Capítulo V

LA PRIMAVERA NACIONALISTA

LA caída de Primo de Rivera produjo en el País Vasco reacciones de entusiasmo y movilizaciones populares que sirvieron para que muchas actitudes y vocaciones políticas antes contenidas encontraran un cauce apropiado. El nacionalismo vasco en sus dos vertientes, política y sindical, aprovechó la bonanza para ampliar sus instalaciones y reforzar su organización.

Un acontecimiento de notables consecuencias tendría como marco la sede social de los republicanos donostiarras. El 17 de agosto de 1930 el sentimiento antimonárquico que había tomado el relevo a la aversión a la dictadura cuajaba en una *conjunción republicano-socialista*. La reunión que patrocinaron los círculos republicanos encontró los suficientes elementos comunes para emitir una declaración de principios y llegar a un acuerdo que se conoce como *Pacto de San Sebastián*. En él los republicanos, socialistas y catalanes radicales manifestaban la necesidad de profundas reformas que abordasen los problemas históricos de España, entre los cuales el de la reorganización territorial no era de los menos importantes. El espíritu de San Sebastián, bajo el apadrinamiento político e intelectual de hombres como Azaña, Ortega, Prieto..., a pesar de no contar con la asistencia ni colaboración de los nacionalistas vascos, asumía las reivindicaciones autonómicas que se relacionaban con una España en paz y progreso.

En noviembre de 1930 una asamblea celebrada en Vergara hacía olvidar los viejos conflictos vasquistas y acababa con su escisión, volviendo los reconciliados al viejo nombre de Partido Nacionalista Vasco. Sin embargo la pacificación fue efímera, ya que dos semanas más tarde los disconformes creaban la *Acción*

Nacionalista Vasca (ANV), mediante el manifiesto de San Andrés. Sus estatutos fundacionales le comprometían en la colaboración con otras fuerzas democráticas y progresistas pára lograr *una estructuración del Estado español menos unitarista que la actual y con un régimen jurídico-político más en armonía con los imperativos democraticos.*

La extracción sociológica de la escisión se corresponde con la pequeña burguesía y clases medias liberales de Bilbao y Baracaldo que confiesan una suerte de *socialdemocracia vasca*, junto a núcleos de trabajadores de las zonas industriales más radicalizados en sus propuestas. Aunque se ha venido subrayando un tinte anticlerical en ANV, en realidad sus posiciones mayoritarias eran meramente aconfesionales, contando entre sus miembros y líderes principales (Ortueta, José Ignacio Arana, Urrengoechea) con católicos practicantes. Su dedicación a los problemas sociales y el rechazo eclesiástico impedirían una mayor popularidad y aceptación entre los vascos, pero al mismo tiempo le señalan como indiscutible precursor del posterior nacionalismo de izquierda, desarrollado durante la dictadura franquista.

Como una esperanza de primavera la República española llegaba en abril de 1931, y cinco años más tarde se despedía envuelta en el horror de la guerra civil. *Con las primeras hojas de los chopos y las últimas flores de los almendros, la primavera traía a nuestra República de la mano,* había escrito Machado cantando la esperanza ciudadana. También la de los nacionalistas vascos, que en la primera semana del nuevo régimen suscribían un *Manifiesto de Ayuntamientos de Vizcaya,* pidiendo el reconocimiento de la República vasca y la incorporación de Vizcaya a ella *en virtud del inalienable derecho de los pueblos a regirse por su libre determinación.*

La República realizó una importante tarea de secularización del Partido Nacionalista Vasco, cuyos líderes poco tenían que ver con el integrismo ruralista de épocas anteriores, ni con la intransigencia religiosa de sus bases. Una mayor preocupación por la práctica democrática dirigió la actuación de hombres como Irujo, Leizaola o José Antonio Aguirre, cuyo contacto con el catolicismo social les había suministrado una primera apertura ideológica. No obstante ser católicos a machamartillo, los *burukides* (jerarquía nacionalista) en seguida hicieron ver que la autonomía vasca no debía sacrificarse a los planteamientos confesionales de la derecha española. Mientras la República dejara abierto el portillo del reconocimiento de un régimen autonómico, por muy atea que fuese, no convendría darle la espalda.

Desde los primeros días de la República, un movimiento de *alcaldes vascos,* bajo la batuta del de Guecho, José Antonio Aguirre, intentaba arrebatar a la izquierda el liderazgo que había alcanzado en la política vasca tras su triunfo en las elecciones municipales. El proyecto de una *república vasca* federada en una república española se plasmó en la forma jurídica de un Estatuto de Autonomía que había sido redactado por la Sociedad de Estudios Vascos y sometido a la aprobación de una asamblea de alcaldes en la localidad navarra de Estella. Este documento, conocido como el Estatuto de Estella, fue aceptado por 427 alcaldes de un total de 548. Era una importante mayoría municipalista que con todo dejaba fuera a las más importantes ciudades vascas, y en consecuencia a los más densos núcleos de población.

El Estatuto nacía con un pecado de origen: no respondía más que a los propósitos autonomistas de un sector del País Vasco. Era hijo de un espíritu defensivo, que acababa de contemplar con horror cómo la República había quemado iglesias y conventos y que pensaba que una autonomía amplia era la mejor salvaguarda del catolicismo y las tradiciones vascas. No es de extrañar, pues, que el periodico *La Gaceta del Norte,* vocero del catolicismo más combativo, apoyara decidido el proyecto porque *el alma del Estatuto de Estella es la libertad religiosa del pueblo vasco.* Buena parte del texto se vio condicionada por el peso de la defensa católica, en medio de la conmoción religiosa suscitada por el enfrentamiento entre el Gobierno y el obispado de Vitoria, que arrojó de su diócesis al integrista Mateo Múgica. Esta circunstancia produjo un doble efecto: el acercamiento carlista y la aceptación temporal del espíritu de Estella y el recelo de socialistas y republicanos, que encontró expresión afortunada en boca de Prieto cuando se refirió al *Gibraltar vaticanista* para definir la nueva organización que el Estatuto configuraba.

La cònfrontación entre los dos bloques tiene lugar en las elecciones generales de junio de 1931. La coalición vasconavarra de carlointegristas y nacionalistas supera a su contrincante, la conjunción republicana-socialista, acentuándose la imagen insular del País Vasco conservador en una España de urnas progresistas. El tradicionalismo juega fuerte la carta autonomista que luego combatirá con las armas y mezcla su discurso con el del nacionalismo vasco, haciendo que los Oriol, Rodezno y, sobre todo Oreja, puedan parecer a sus lectores fogosos *bizkaitarras*.

Las Cortes Constituyentes se abrieron el 14 de julio de 1931, en un clima adverso para las aspiraciones formuladas en Estella, que no era sino respuesta a la constante hostilidad manifestada por la prensa confesional del país. La beligerancia antirrepublicana, pese a las protestas de democracia manifestadas por José Antonio Aguirre, eran moneda corriente en el ámbito de la alianza vasconavarra. En octubre de ese año la aprobación del artículo 26, que preveía la separación entre Iglesia y Estado al tiempo que posibilitaba la disolución de los jesuitas, elevó la temperatura confesional hasta límites insostenibles. Antes el Gobierno había cerrado temporalmente unos cuantos periódicos católicos por su interferencia agresiva en el proceso constituyente, lo que dio lugar al firme discurso de Aguirre en las Cortes, marcando clara la distancia con las derechas y con las izquierdas. En consecuencia con este ideario, los vasconavarros con el líder nacionalista al frente se retiraron del hemiciclo parlamentario, junto con otros 38 diputados. *Forzados por el sectarismo actual a ausentarnos* —diría Aguirre—, *una vez más seguirá nuestro pueblo sin colaborar en otro periodo constitucional del Estado español.* Una verdad a medias porque hubo otro pueblo vasco que sí participó en la elaboración de la Constitución, a través de la conjunción republicano-socialista.

La derecha se divorcia

Pese a la negativa de los diputados vasconavarros a aprobar la Constitución de 1931, los nacionalistas pronto la considerarían un marco válido en el que encuadrar sus reivindicaciones autonomistas. Para los seguidores de Arana la Constitucion española era despreciable; no así el posible Estatuto de ella derivado. Manos a la obra, los nacionalistas, que habían votado a Alcalá Zamora como Presidente de la República enfrentandose a sus socios tradicionalistas de la minoría parlamentaria, se metían en otro proceso autónomico con un procedimiento que difería sustancialmente del adelantado por los ayuntamientos. Por medio de un decreto se facultó a las diputaciones provinciales, gobernadas por gestoras provisionales, para la redacción de un nuevo anteproyecto. Esta normativa suponía dejar en manos de los miembros de la conjunción republicano-socialista, mayoritarios en las gestoras, la iniciativa autonómica, al tiempo que se intentaba marginar al nacionalismo.

El domingo de Resurrección de 1932, los nacionalistas vascos celebran con folklórica ostentación el primer *Aberri-eguna* de su historia, conmemorando así el cincuenta aniversario del mensaje patriótico confiado a Sabino Arana por su hermano Luis. A pesar del éxito de la convocatoria —65.000 manifestantes según el PNV—, el diario *Euzkadi* criticó con acritud el desinterés de la burguesía bilbaína: *los barrios aristocráticamente católicos —que es el modo menos cristiano de ser católico— permanecieron, sin embargo, mudos, huraños, ciegos.* Y no podía ser de otra manera ya que esa gran burguesía vasca, que cerraba sus balcones al paso del desfile vasquista, apretaba filas en el nacionalismo español y a través de algún que otro representante invertía más dinero que nadie en los primeros intentos de configuración de un movimiento fascista.

Reforzado el gobierno republicano tras el fracaso del golpe de Sanjurjo, en agosto de 1932, pudo acelerar la aprobación de la autonomía catalana, y por medio del perspicaz Prieto intentó ganarse las simpatías de los vasquistas y privarles de su capacidad de contestación. Convencería a las izquierdas de la necesidad de acabar con los recelos mutuos ante el enemigo común, confiando en que la aprobación de un estatuto democrático y nada cicatero, además de fortalecer al joven régimen, iba a desarmar el programa y el discurso independentistas del PNV.

Sin embargo, el *Estatuto de las Gestoras,* elaborado en medio de creciente desasosiego y agitación, conseguiría menos consenso que el de Estella. Diversas alteraciones del orden público o conflictos doméstico-religiosos, como el proyecto de demolición del monumento bilbaíno del Sagrado Corazón, desataban frecuentemente la división de la sociedad vasca. El inicuo destierro del obispo Múgica fue instrumentalizado, asimismo, por los nacionalistas vascos, que llevaron el agua de la contestación religiosa a su molino de la particularidad y diferencia. Los navarros, por su parte, arrastrados por la mayor presencia de alcaldes nacionalistas, abandonaban el movimiento autonomista, rechazando el Estatuto en la asamblea de municipios de Pamplona, en junio de 1932. Con este rechazo *(Estatuto, no. Fueros, sí)* que habría de tener consecuencias importantes y duraderas, Navarra decía adiós a la aventura vasquista para prepararse a imponer con las armas una España que ya estaba conspirando.

En noviembre de 1933 un plebiscito en las tres provincias vascas debía aprobar el Estatuto de las Gestoras: el Partido Nacionalista Vasco fue la única fuerza política que demostró entusiasmo en la campaña que le precedió. La autonomía sólo lograba emocionar a los hijos de Arana. Tanto que no tuvieron inconveniente en colaborar en el pucherazo que aprobó, con imposibles cifras de participación, el Estatuto en Vizcaya y Guipúzcoa. Con pocos nacionalistas vascos y muchos tradicionalistas, Alava no alcanzaba más que un 46% del censo en su aprobación del Estatuto.

Dos semanas más tarde —el 19 de noviembre— el PNV sabe cosechar el fruto de la campaña pro-estatuto, arrollando en las elecciones generales. Presentándose en solitario y capitalizando el voto católico, los nacionalistas logran un éxito histórico, al amparo de un sistema electoral benefactor de las mayorías: conquistan en Vizcaya seis de los nueve escaños en juego, en Guipúzcoa cinco de seis, y en Alava uno de los dos puestos. El fracaso en Navarra inicia, en cambio, el precedente del apartamiento de esta provincia y abre la secuencia de posteriores resultados exiguos.

Antes rojos que rotos

El resultado de las elecciones de 1933 con el copo derechista en las Cortes no favoreció en nada las aspiraciones particularistas del nacionalismo vasco. Conscientes del talante antiautonomista de la cámara, los seguidores de Arana buscaron el apoyo de otros grupos con proyectos de autonomía. Al encontrar reticencias en el catalanista Cambó, poco partidario entonces del programa *Galeuzca* (Galicia, Euzkadi, Cataluña), José Antonio Aguirre estableció contactos con la *Esquerra* catalana. Son los meses inmediatos a la revolución de octubre de 1934. La izquierda habla de una inminente dictadura de las derechas al tiempo que éstas, parapetándose en el menguado refrendo de Alava al Estatuto, hacen naufragar la autonomía vasca.

Es entonces cuando los dirigentes nacionalistas, despegándose de sus bases más conservadoras y de los votos prestados, apuestan por una dinámica radical de enfrentamiento con el poder central y por una afirmación maximalista de su identidad. Numerosas manifestaciones dan testimonio del sustancial contenido independentista de su ideología. Así la carta de Aguirre a Orueta:

Nosotros, que sentimos el impulso nacional vasco exclusivamente, nos encontramos ante un pueblo inferior que es España. Nuestra demanda costará tiempo conseguirla, pero se conseguirá. Me dice Ud. que espera de nosotros cierta elasticidad En efecto, dentro del problema estatutista cuanta sea precisa estamos dispuestos a las mayores cesiones por conseguir este primer avance. en orden a la libertad de nuestra Patria. En este aspecto no pareceremos nacionalistas. Porque el Estatuto no es nuestro programa sino algo que hallándolo en el camino lo aprovechamos gustosos y decididos.

Cualquier oportunidad podía desatar el enfrentamiento y éste llegaría con motivo de la declaración de inconstitucionalidad de la catalana *ley de cultivos*, que sirvió para una nueva retirada parlamentaria del PNV o con el asunto conocido como el *estatuto del vino*. En esta ocasión, el intento de desgravar el consumo de este producto para facilitar la salida de los stocks españoles fue considerado como una injerencia en el Concierto Económico vigente. La aplicación del *estatuto del vino* suponía la renuncia de las Diputaciones a unos ingresos que habrían de ser sustituidos por nuevas cargas sobre el contribuyente vasco. Pero el asunto era emocionalmente más grave, pues el Concierto ejemplarizaba en la conciencia colectiva el último bastión de libertad, y cualquier agresión a él podía desencadenar una imparable cascada de reivindicación nacional.

Y, en efecto, esto ocurrió cuando los ayuntamientos reunidos en asamblea denunciaron el atropello del Gobierno, que invadía la autonomía fiscal vasca, valiéndose de unas gestoras provinciales de su cuerda. Monárquicos, tradicionalistas, socialistas, comunistas y sobre todo nacionalistas vascos, cada uno por motivos diferentes, cerraron filas en torno al último resto foral. El Gobierno, en lugar de dialogar, trató de atajar la desobediencia mediante prohibición de reuniones, encarcelamiento de concejales, desalojos... En ese río revuelto dejaron pronto de nadar los navarros, cuyos mentores más derechistas empezaron a desconfiar del tono radical y de los ribetes separatistas de la protesta. Los nacionalistas vascos de acuerdo con el socialista Indalecio Prieto —convertido en mentor de sus enemigos de siempre— fueron los adalides y protagonistas de una accidentada asamblea reunida en la localidad guipuzcoana de Zumárraga, que serviría para expresar la solidaridad con los ayuntamientos reprimidos y la fobia al centralismo.

Sin embargo, el oportunismo de Prieto y los nacionalistas vascos, y la radicalización del conflicto, separó a personalidades como Manuel Azaña, diputado por Bilbao, cuya aversión a las manifestaciones multitudinarias era notable, a los católicos que por boca de José María Urquijo prevenían ante alianzas contra natura que *iban a traer la revolución social,* y a los tradicionalistas navarros y alaveses que sólo veían en la maniobra hostigamiento contra el Gobierno radicalcedista.

De todos modos, aquella experiencia compartida entre nacionalistas y socialistas en defensa del Concierto haría surgir posteriormente frutos de notable colaboración. El acercamiento del *prietismo* a las posiciones autonomistas y su relación personal con algunos líderes del PNV influirían decisivamente en actitudes políticas generales mantenidas durante la guerra civil o en la concesión del estatuto del País Vasco. Mientras tanto, en una nueva ocasión, octubre de 1934, la convivencia entre socialistas y peneuvistas se tiñó de un matiz distinto, por la ambigüedad de los nacionalistas ante el movimiento revolucionario.

La huelga general lanzada por el PSOE y la UGT, que adquirió carácter de insurrección popular en lugares como Asturias, Cataluña o el País Vasco, sería apoyada y participada, aunque con reticencia, por los nacionalistas. Los testimonios de ANV, que también se sumó a la huelga, sobre esta participación son determinantes. Con todo deben ser tenidas en cuenta las manifestaciones de Aguirre o las instrucciones sindicales a los *solidarios*, en las que se pedía inhibición ante la huelga. Es probable, sin embargo, que las órdenes no llegaran a su tiempo a todos los afiliados, ya que no impidieron la intervención activa de muchos de ellos.

Las represalias que hubo de aguantar el nacionalismo vasco después de los disturbios de octubre, y su aislamiento respecto de otros partidos católicos y burgueses, llevaron al PNV a una fuerte crispación y a una progresiva radicalización, a medida que corría 1935 y la autonomía regional se convertía en una quimera. Para entonces algunos núcleos de la burguesía vasca se venían destacando por su beligerancia españolista en el seno de la derecha radical que capitaneaba Calvo Sotelo. El PNV, sintiéndose incomprendido, mostraba abiertamente su carácter obstinado y defensivo, con manifestaciones antiespañolas de impronta sabiniana que encrespaban a las derechas e imposibilitaban la realización de una política conjunta. *¡Ah, si tuviéramos nada más que el Estatuto* —escribía Aguirre al jesuita Estefanía— *qué pueblo haríamos, porque todas aquellas conductas a que me refería llenas de ruindad y de esterilidad espiritual son producto del contagio español!*

El movimiento obrero vasco, por su parte, dando muestras de una asombrosa vitalidad, no tardaba en recuperar parte de sus fuerzas, y en avanzar como si no le hubiera afectado el descalabro de octubre. Los comunistas asumían la reivindicación nacional a través del principio marxista de autoderminación, y fundaban el PC de Euskadi. Los militantes de STV-ELA proseguían en su incansable actividad propagandística y en la puesta en marcha de iniciativas como cooperativas, escuelas o cajas de solidaridad con el paro. Ahora dentro de un ambiente de mayor identificación con otras fuerzas obreras y sindicales, nacido de la comunidad de intereses antirrepresivos en las cárceles abarrotadas de revolucionarios.

Sin embargo, el deterioro gubernamental, con escándalos financieros por medio, creció tanto que provocó la convocatoria anticipada de elecciones para febrero de 1936. Mientras se esfumaba la esperanza de un acuerdo entre la Iglesia y la República, nacionalistas vascos y catalanes pretendían llegar a alguna componenda con la Santa Sede que permitiera una cierta autonomía eclesiástica en sus regiones. Poco antes de los comicios, la plana mayor del nacionalismo vasco con Aguirre al frente, trató inútilmente de entrevistarse con el Secretario de Estado, cardenal Pacelli, para pedir obispos nativos que conocieran el vascuence y que lo hicieran enseñar en los seminarios de Vitoria y Pamplona. La creación de una provincia eclesiástica vasca y la similar demarcación dentro de los institutos y congregaciones religiosas figuraban también en la agenda de los nacionalistas.

Como una excentricidad en el comportamiento católico, el Partido Nacionalista Vasco no quiso participar en el combate entre confesionalismos en que se convirtió la campaña electoral, y se situó en una incómoda posición de centro que habría de acarrearle muchos disgustos. Con la reprobación casi unánime de la jerarquía, los nacionalistas se presentaron en solitario a las elecciones, después de haber sido denostados por las derechas como *cómplices de la Revolución.* Al obispo de Vitoria, que consideró lícito el voto de los católicos a los peneuvistas, pronto habrían de pasarle factura los militares sublevados el 18 de julio.

Con un programa de reformas que incluía promesas autonómicas, un arrollador *Frente Popular*, conglomerado de izquierdas y progresistas, se alzó con la victoria, dejando consternada a media España. La división electoral en el espectro de centro-derecha tuvo como resultado la pérdida de cinco escaños por los nacionalistas. Los ganadores respetarían sus ofrecimientos autonomistas y procurarían afianzar las buenas relaciones con el nacionalismo, siguiendo el camino abierto por Indalecio Prieto. En abril de 1936 los diputados vascos (frentepopulistas y nacionalistas) vuelven a presentar el Estatuto de autonomía en las Cortes, creándose una comisión con Prieto como presidente y Aguirre de secretario. Se convalida el resultado del plebiscito de 1933 y su extensión a las tres provincias. La voluntad estatutaria parecía imparable.

Los nacionalistas vascos engolfados en la autonomía votaban solícitos la candidatura de Azaña como Presidente de la República en mayo de 1936, desconcertando a toda la clerecía, con excepción de aquella que, con pasión y sin atisbo de crítica, respaldaba la política bizkaitarra. No era de éstos el obispo Múgica que, escandalizado de los coqueteos del PNV con el Frente Popular escribiría: *El nacionalismo vasco, de tumbo en tumbo, por falta de cabeza de sus dirigentes ha caído en contubernios vergonzosos con izquierdistas.*

Paz en la guerra

De igual manera que los historiadores aluden al *mito irlandés* como un componente esencial de la imagen que los irlandeses se han hecho de sí mismos, cabe referirse al *mito vasco* para designar todas aquellas simplificaciones y distorsiones del pasado que pretenden justificar ambiciones y desvaríos políticos actuales. La guerra civil española tan pródiga en canonizaciones y satanizaciones está también en el origen de una mitología nacionalista vasca que como en el caso español afecta a los *gudaris* (soldados) y a la Iglesia. Nuevos mitos de resistencia y heroísmo en torno a estos combatientes y de fidelidad y servicio al pueblo respecto de la clerecía vasquista vienen a convivir con los más periclitados de la raza y soberanía. Porque no deja de tener algún fundamento la afirmación de Treitschkke que ve en *la guerra lo que convierte a un pueblo en una nación.*

Hoy se aborda la guerra en el País Vasco desde una óptica y sentimiento pertinazmente nacionalistas. Pero no sólo entre vascos; abundan también las lecturas diferenciales realizadas desde la meseta o de otros lugares de la periferia. Buscando disparidades, las más de las veces confunden la parte por el todo e, insistiendo en el reconocimiento además de crear ilusión de homogeneidad, han hecho surgir unidos el estereotipo y el tópico.

En 1981, la llegada a España del cuadro *Guernica* de Picasso y su ubicación en Madrid constituyó para el PNV uno de tantos pretextos para crear zozobras al poder central y azuzar a su irritable militancia. Al protestar por la arribada a la capital de España de dicho alegato pictórico contra la violencia, un gerifalte nacionalista manifestaba, en una lastimosa frase su miopía tribal respecto de la guerra, *Nosotros ponemos los muertos y ellos disfrutan del cuadro.* Que *ellos*, los españoles, no somos *nosotros*, los vascos, estaba claro en el mensaje bizkaitarra, desde que Arana inventara aquel ofensivo antagonismo entre ambos: la bondad, el honor, el sacrificio y el coraje se alineaban de un solo lado; del otro únicamente había maldad. Pero ahora resulta que también los muertos son distintos y los *propios* pesan más que los ajenos.

En el País Vasco murieron monárquicos y carlistas, peneuvistas y socialistas, católicos sin partido y anarquistas. Cayeron vascos y catalanes, castellanos, andaluces, extremeños y gallegos... Entre los eclesiásticos vascos asesinados también los hubo españolistas (éstos en mayor número) y vasquistas.

A pesar de tanto caído y tanto *gudari* (se sigue celebrando cada año el día del soldado vasco y menudean las esquelas en los periódicos con ese bélico epitafio), la retórica nacionalista ha conseguido articular el tinglado de un país en guerra que paradójicamente encarna la paz. Como observa el historiador Antonio Elorza, es muy grande el rendimiento ideológico que los nacionalistas vascos han podido sacar a una guerra perdida. De tal forma que a partir de la masacre de Guernica las aspiraciones vascas se cuelan en la historia, recibiendo una impronta de universalidad y racionalidad que nunca soñaron alcanzar. La afirmación nacional vasca pasa ya por una Guernica aniquilada, que presta al mismo tiempo el símbolo inequívoco de la voluntad de supervivencia de un pueblo y de la obstinación depredadora de otro.

Todos contra todos

Como un secreto a voces, la conspiración contra la República comenzó a gestarse desde el mismo momento en que las urnas dieron la victoria al Frente Popular. La simpatía de las capas más conservadoras del nacionalismo vasco por la sublevación militar que las derechas incubaban no permite pensar que el partido mayoritariamente apoyase el levantamiento. Sin embargo, existe constancia de contactos no oficiales entre los nacionalistas y los conspiradores. La esperanza de una pronta consecución de la autonomía, compartida por los dirigentes vasquistas en junio de 1936, puede hacer inverosímiles tales encuentros, máxime si recordamos que por esas mismas fechas José Antonio Aguirre, reconociendo la gravedad de la escalada frentepopulista, afirmaba *pero sublevarse jamás*. Por otro lado, el asesinato de Calvo Sotelo, que habría de disparar el mecanismo de la insurrección, sólo serviría al diario *Euzkadi* para reafirmarse en su expectativa autonómica: *Deja a su patria en la incertidumbre, asesinado por sus compatriotas y nosotros los vascos marchamos por el camino del logro de nuestras reivindicaciones.*

En el País Vasco la guerra iba a significar, aún más que en el resto de España, el antagonismo de la población y el compromiso de ésta con uno u otro de los bandos beligerantes. Tuvo un sello de desgarramiento mayor porque sectores afines de la sociedad, como tradicionalistas y nacionalistas vascos, eligieron trincheras diferentes. Desde el punto de vista religioso la paradoja de la guerra era sangrante: los dos sectores más representativos del catolicismo español lucharían entre sí en los campos de batalla del norte.

Educado en una mística patriotico-religiosa, el carlismo había sido el único grupo, entre los conspiradores contra la República, que planteara cuestiones de carácter confesional al preparar el futuro de la España nacida de la sublevación. Pero carlistas no sólo había en Navarra; también las tres provincias vascas mantenían su condición de cantera del tradicionalismo español. Por ello, la guerra civil en el País Vasco, con todos los ingredientes que tuvo en el resto de España, fue vivida además como una lucha de patrias y una rivalidad de nacionalismos. Combate, en verdad fratricida, que sellaría por muchos años la endémica división de la comunidad vasca. Con el triunfo de la sublevación militar en Alava y Navarra se manifiesta la primera fractura del País Vasco; la segunda, más honda y duradera con la decisión nacionalista de permanecer al lado de la República en Guipuzcoa y Vizcaya.

El PNV, al contrario de lo que hizo en las dos provincias hermanas, no se opuso en Alava a la rebelión, negándose a suscribir la convocatoria de huelga general de la izquierda. Más aún, un manifiesto, firmado tal vez bajo presión por dos de sus dirigentes, no regateaba elogios a los sublevados ni olvidaba su *sano patriotismo,* del que se esperaba pudiera llevar adelante *una cruzada de regeneración espiritual.* Para los peneuvistas vizcaínos y guipuzcoanos no fue fácil decidirse por la República, y muchos en un principio pensaron que el partido se decantaría por Franco y contra el Frente Popular. Algunos más ideologizados preferían mantenerse al margen del conflicto, ya que en palabras de Luis Arana la guerra que apuntaba *no es nuestra, no es de nuestra raza, no es de nuestra ideología.* Sin embargo, una vez superadas las resistencias de quienes fantaseaban con una imposible neutralidad, la ejecutiva nacionalista se declaraba a favor del orden establecido *en consecuencia con el régimen demócrata y republicano que fue privativo de nuestro pueblo en sus siglos de libertad.*

A la gran masa conservadora, soporte del PNV, la decisión de sus líderes le produjo desasosiego y perplejidad, sobre todo cuando empezó a correr la sangre, y medio centenar de personas de ideología derechista cayeron muertas en Vizcaya a manos de las patrullas del Frente Popular, en las primeras horas de la insurrección. Muchos nacionalistas desconcertados pensaron entonces que la autonomía prometida por la República no valía el alto precio de la alianza con los que mataban sacerdotes, quemaban conventos y subvertían el orden social. Los asesinatos de destacadas personalidades de la derecha vasca —escribía José Antonio Aguirre— tuvieron un *efecto desastroso* sobre la moral nacionalista.

En Guipúzcoa las jornadas posteriores al 18 de julio fueron aún más movidas que en Vizcaya y el poder republicano, a impulso de la ira popular suscitada por el levantamiento, tardó poco en acentuar su izquierdismo frentepopulista. La espontaneidad revolucionaria de cenetistas y comunistas desbordó fácilmente al PNV, a pesar de ser la primera fuerza política de la provincia. No obstante su proclamación de fidelidad republicana, los nacionalistas guipuzcoanos renquearon en su defensa callejera del régimen, pero fueron los primeros en volcarse en tareas humanitarias y en preservar los edificios del culto y sus ministros. El frustrado alzamiento de San Sebastián se liquidó con una estremecedora matanza realizada por milicianos, que asaltaron la cárcel de Ondarreta, sin que los nacionalistas lograran impedirla. Protestaron, eso sí, por la carnicería de ilustres derechistas y proclamaron su inocencia: *Nosotros no somos responsables de esos crímenes. Hemos hecho cuanto hemos podido para evitarlos. Estamos tan lejos de estos procedimientos como de los que los requetés carlistas han empleado matando mujeres y niños indefensos.*

El escándalo de los católicos

Medio siglo llevaba la Iglesia predicando vanamente la unión política de los católicos, cuando, una vez más, le salía el grano de la discordia en forma de contubernio de nacionalistas vascos y milicias del Frente Popular. Si exceptuamos distintos grupos democratacristianos de Cataluña, sólo el PNV rompió la unanimidad católica, cobertura ideológica de la contienda. Una guerra en toda regla necesitaba unos apoyos sociales y una mística que un mero golpe militar hubiera considerado un lujo. Ya no se trataba sólo de bendecir el 18 de julio; apremiaba también asegurar la justificación necesaria para no desfallecer en la guerra. Era, en verdad, una operación propagandística y doctrinal de altos vuelos, en la que sólo podía embarcarse una institución como la Iglesia católica, acostumbrada a preguntarse por el último sentido de las cosas y capaz de unificar la pluralidad de razones posibles de la contienda en un solo principio excluyente y totalizador.

En marcha la operación legitimadora, la Iglesia trató a toda costa de llevar al redil a quienes con su apuesta republicana desbarataban el argumento católico de los sublevados. Para disuadir, pues, a los nacionalistas vascos, los obispos de Vitoria y Pamplona firmaban, el de agosto de 1936, la primera pastoral sobre el carácter religioso de la guerra, acusándoles de *haber hecho causa común con enemigos declarados, encarnizados, de la Iglesia*. El PNV, asustado por la filípica episcopal, tras consultar a un grupo de sacerdotes decidió mantenerse en sus trece.

Por fin, el gobierno

El 9 de septiembre de 1936 los nacionalistas vascos trataban de sacar fruto de su incómoda alianza enviando a Madrid a sus dirigentes Aguirre y Basterrechea para que en conversaciones con el gobierno lograsen la inmediata aprobación de estatuto de autonomía. Sin rodeos se lo plantearon a Prieto: *Si usted quiere que Euzkadi resista las embestidas fascistas haga lo posible para que se nos otorgue el estatuto, y únicamente así le aseguraremos que se resistirá.*

Algo raro ya estaba ocurriendo en Guipúzcoa, donde los nacionalistas no acababan de darse cuenta de que su lealtad a la República exigía, en aquellas circustancias, defenderla sin tibieza y con las armas. Para meterlos de lleno en el esfuerzo de la guerra, el gobierno republicano se apresuraba en hacer que unas Cortes, diezmadas por la guerra, aprobaran el estatuto de autonomía del País Vasco, el mismo día, primero de octubre, en que el general Franco, represor de particularismos, se proclamaba jefe del Estado de la España *nacional.* A cambio, una semana antes, el nacionalista Manuel Irujo se había incorporado al gobierno de la República española, beneficiándose ésta de la buena imagen proyectada en el extranjero con tal colaboración.

Por muy modesta que fuese la autonomía aprobada, con la afirmación rotunda del principio de la unidad de España, el Estatuto permitía con carácter provisional, por motivo de la guerra, que el País Vasco tuviera de inmediato su propio gobierno. Se hacía realidad el sueño nacionalista: no tener que depender de Madrid y convertir Euzkadi en lo más parecido a un Estado soberano. Aprovechándose del aislamiento geográfico y de la dinámica misma de la guerra, los nacionalistas vascos dieron rienda suelta a sus apetencias de autogobierno sobrepasando siempre el techo estatutario.

Al frente del gobierno vasco, Prieto se las ingenió para poner al joven abogado vizcaíno José Antonio Aguirre, que contó con todos los votos de los alcaldes y concejales de los municipios vizcaínos y de los pocos guipuzcoanos no ocupados por los franquistas. Como buen católico y burgués, era el candidato ideal para convencer a los detractores de la República, y el más tranquilizador para el nacionalismo conservador y recalcitrante. Olvidándose de la guerra, una liturgia nacionalista bajo el roble de Guernica le dio el mando el 7 de octubre de 1936, mientras un grupo de vasquistas descontentos vociferaba su protesta *Estatuto, no; independencia, sí*. Las dos caras de la misma vocación nacional, el maximalismo independentista y el posibilismo democrático, frente a frente.

El primer gobierno vasco de la historia quedó constituido con el concurso de tres peneuvistas, aparte del presidente, tres socialistas, dos republicanos de izquierdas, un miembro de ANV y otro del partido comunista. Aunque gabinete de concentración, desde su primera proclama quedó bien patente la impronta del PNV: garantía de libertades democráticas, incluída expresamente la religiosa, mantenimiento del orden social y contundente afirmación de la identidad vasca y del autogobierno de Euzkadi.

Vizcaya, soberana

Que el estatuto aprobado no saturaba la ambición de autogobierno del PNV quedaría claro, a los pocos días de constitución del gabinete, cuando un decreto de su presidencia delimitaba el territorio de Euzkadi, previendo la incorporación de Navarra. Nada más sorprendente en aquella azarosa oportunidad. Poco importaba que la guerra hubiera circunscrito a sólo Vizcaya la jurisdicción del estatuto, ni que éste dejara de lado a Navarra; según deseo expresado cuatro años antes, el nacionalismo vasco seguía apostando por sus emblemas y símbolos. Siendo muy otra la realidad política y militar de aquel octubre de 1936, la utopía nacionalista oficializaba la enseña sabiniana de Euzkadi, con un escudo que incluía las cadenas de Navarra.

En los ocho meses que los nacionalistas ejercieron el poder en Vizcaya se dieron prisa por construir su nación vasca. Una de las más madrugadoras decisiones gubernamentales creaba la *Universidad Vasca*, como un primer paso en la revisión de todo el sistema de enseñanza, en la que el euskera trataría obsesivamente de imponerse. La educación física en las escuelas se justificaba como una afirmación de la nacionalidad vasca que pondría a punto *nuestras aventajadas características raciales*. El orden público fue confiado a una policía propia, la *Ertzanza*, creada tras la disolución de la Guardia Nacional Republicana. Sus éxitos quedarían empañados al no poder impedir los asaltos a las cárceles bilbaínas, el 4 de enero de 1937, en los que perdieron la vida destacados representantes de la derecha vizcaína.

A poco de tomar posesión de su cargo, Aguirre daba los primeros pasos para la formación de un ejército en toda regla, que pudiese suplir a los batallones de milicianos, nacidos casi espontáneamente al producirse la sublevación. Con sorprendente rapidez fueron organizándose hasta 90 batallones, de los cuales 28 del PNV, mediante el llamamiento de varios reemplazos, la creación de una academia y la aplicación del código castrense a las milicias de los partidos. Aunque el ejército vasco era un cuerpo del Ejército del Norte, Aguirre nunca lo consideró así. Este actuó como si se tratara de un ejército propio al servicio exclusivo del gobierno de Euzkadi. Acorde con el exclusivismo nacionalista, los batallones del PNV, los *gudaris*, constituían para el *Lendakari* el verdadero ejército vasco: sólo a ellos podía confiarse la defensa de Euzkadi.

De espaldas al estatuto, el gobierno autónomo creó el *Tribunal Militar de Euzkadi*, con competencia en todas las fuerzas armadas de Euzkadi, pretextando las difíciles circunstancias de la guerra que hacían necesaria una justicia castrense ágil y ejemplar. Pero el gesto más categórico de soberanía lo hizo el gobierno de Vizcaya cuando se lanzó a acuñar moneda, con la excusa del aumento de población originado por los refugiados y el atesoramiento de monedas de plata.

Durante los meses que estuvo en el poder, el gobierno puso especial empeño en lograr una sensación colectiva de normalidad, y un distanciamiento emocional de la coyuntura bélica. Sólo lo alcanzó en parte pero, en ese tiempo, no hubo ni huelgas ni conflictos extraordinarios. Las autoridades vascas racionaron en lo posible los mítines y las grandes muchedumbres que tanto gustaban a los comunistas del gobierno. Pero en punto a honores, guardias, protocolos, himnos y otras ostentaciones —escribiría Azaña— fueron menos austeros, deseosos como estaban de reflejar en su ceremonial el aparato de un verdadero Estado soberano. El *escandaloso desarrollo* de la burocracia del gobierno regional sería criticado por Indalecio Prieto, que no aceptaría la peregrina propuesta del *Lendakari* Aguirre de agregar *consejeros* vascos a las embajadas españolas en el extranjero. Una vez caída Vizcaya en manos de Franco y tratando de llevar a Valencia al personal burocrático del gabinete vasco, las autoridades republicanas descubrieron con asombro que la presidencia del *gobiernito* tenía más funcionarios que su correspondiente en la República española.

Mártires y patriotas

Si el sentimiento nacionalista a impulso de la agresión militar se enalteció, algo parecido habría de ocurrir con el religioso, contribuyendo a radicalizar políticamente a los militantes más comprometidos en la defensa de los derechos humanos y la justicia social. La religión se hizo beligerante, de un lado y otro, provocando muertes *por Dios y por España* pero también caídos de *Jaungoikoa* y Euzkadi. Religión y muerte siempre han estado íntimamente vinculadas, porque es ésta la situación marginal por excelencia y hubo que buscarle un sentido. Tradicionalmente la religión ha servido para responder al interrogante de la muerte; de ahí que tanto para morir como para matar se precisara una legitimación religiosa. Ante el absurdo de la guerra, la religión también confortaría a los nacionalistas vascos, dispensándoles la ansiada justificación. A lo largo de la contienda el lenguaje nacionalista fue acentuando su dimensión religiosa, pero siempre desmarcándose del que empleaba, esos mismos días, la derecha española, mucho más triunfalista, mística y combativa. Mientras los franquistas pasean a sus Vírgenes o entronizan al Corazón de Jesús, en liturgias patrióticas de reparación, los nacionalistas vascos tienen que contentarse con no ver cerrados sus templos y asegurarse de que el culto no sufra detrimento en la Vizcaya autónoma. Desaparecieron, eso sí, bastantes sotanas de la calle, las de los sacerdotes con fama de carlistas o derechistas, pero el gobierno autónomo tuvo mucho cuidado en demostrar que también, en cuanto a religiosidad, el País Vasco era singular en la España republicana.

La respetuosa actitud del gobierno de Euzkadi para con la Iglesia fue el mejor mentís a la propaganda franquista que no se cansaba de meter en el mismo saco a los piadosos vasquistas y a los rojos, incendiarios de templos y asesinos de curas. No obstante el cuidado de los nacionalistas, el clero y los inmuebles eclesiásticos también fueron objeto en el País Vasco de algunas violencias. Hasta setenta y cuatro se eleva la lista de sacerdotes y religiosos que perecieron en el País Vasco, víctimas de la violencia de ambos bandos. De todas estas muertes, las que más conmovieron la entraña nacionalista fueron las de aquellos sacerdotes que, denunciados como *separatistas,* cayeron ante los pelotones del general Mola, del 7 de octubre de 1936 al mismo día del mes siguiente. Aun siendo su número más exiguo, trece en Guipúzcoa y uno en Vizcaya en mayo de 1937, su sangre sirvió para apuntalar el particularismo de la Iglesia vasca y desmitificar las intenciones religiosas de la nueva España.

La religión vasquista, asimismo, engrosaba su martirologio con esos clérigos, nacionalistas o no, cuyas muertes reportarían cuantiosos dividendos a la causa nacional vasca. Era el holocausto de unas vidas consagradas a la salvación étnico-religiosa de su pueblo, agredido, como ellos, por el invasor extranjero. Estas y otras atrocidades de los sublevados en la religiosa población vasca sacudieron a la opinión católica internacional, y fueron el mejor aguijón de un grupo de intelectuales franceses en su lucha contra Franco.

Al calor del nacionalismo vasco, nació el cuerpo de capellanes del Ejército, y alrededor de una centena fueron los sacerdotes que se enrolaron voluntariamente en los distintos batallones de *gudaris*, donde la épica de la guerra consagró su apostolado patriótico, aunando el ideal religioso con el credo racial. La propaganda enemiga se ensañaría con estos clérigos desprendidos, haciéndolos pasar por curas trabucaires y fanáticos, que habían cambiado el hisopo por el fusil. También la represión de postguerra sería inmisericorde con esta clerecía nacionalista; en opinión del Primado Gomá, se les aplicó un criterio más severo que a *algunos tildados de rojos*.

Para singularidad de la Iglesia vasca y acrecentamiento del *hecho diferencial,* los militares de Burgos sacaban de su diócesis de Vitoria al ultraconservador Mateo Múgica, juzgando que no era el cómplice que necesitaban a la hora de la revancha españolista. Dura paradoja la de este obispo errático: un ministro católico lo había puesto en la frontera, cinco años antes en nombre de la República laica; ahora un general masón hacía otro tanto en nombre de la Cruzada. Convertido por la propaganda nacionalista en símbolo de la resistencia vasca, Múgica, en verdad, tuvo un papel más gris y ambiguo. El que arrojan sus palabras al canónigo nacionalista Alberto Onaindía: *Entre aquellos* (los franquistas) *y Uds.* (los nacionalistas) *han conseguido arrojarme de mi Sede y estoy desilusionado y entristecido a más no poder.*

Separatistas y separadores

En la tarde del 19 de junio de 1937, Bilbao cae en manos de las brigadas navarras, poco después de que el gobierno vasco haya tomado la dirección de Santander, todavía en poder de la República. Soldados nacionalistas protegen las instalaciones industriales de la ría, enfrentándose a milicianos izquierdistas, partidarios de una estrategia de tierra quemada. Perdida Euskadi, su tierra, para la mayoría de los dirigentes del PNV la guerra ya no tenía sentido alguno, como lo habían demostrado, dejando intacta la villa bilbaína con todos sus recursos.

En plena retirada surge la necesidad de encontrar una fórmula que permita a los batallones nacionalistas dejar de luchar por la República. Esta les dio el estatuto pero —así se quejaban— no los medios suficientes para defenderlo. La salida *honorable* debía buscarla Juan Ajuriaguerra, negociando la rendición con diplomáticos y militares italianos. En la confianza de un mejor trato y traicionando a la República, los batallones peneuvistas del ejército vasco se entregan a las tropas de Mussolini, en Laredo y Santoña, mediante una capitulación pactada que, al punto, los militares de Franco convierten en papel mojado.

Comenzaba el éxodo del nacionalismo sabiniano o su exilio interior mientras el pleito vasco —los católicos que no apoyaron la insurrección— sigue suscitando opiniones encontradas y engrasa sin cesar la maquinaria propagandista de uno y otro bando. Pensando precisamente en la ira de los franquistas bombardeando Durango y Guernica, el filósofo católico Maritain escribe: *La guerra santa odia más ardientemente que al infiel a los creyentes que no la sirven.* Ahí está la raíz del furibundo antinacionalismo vasco que se adueña de media España, y que es responsable de las infinitas barbaridades que se hacen o escriben. Todo eclesiástico vasco se convierte en sospechoso de ideas nacionalistas y hasta el cardenal Gomá recibe criticas de indulgencia con los vasquistas.

Como avanzadilla de la torpeza política del regimen de Franco, una de las primeras disposiciones de las nuevas autoridades fue derogar el Concierto Económico para las provincias que habían correspondido *con la traición a aquella generosidad excepcional*. En su pasión punitiva, olvidaba el general a los otros vascos, devotos y colaboradores en los territorios castigados, y aceptaba sin pretenderlo la filosofía del nacionalismo reprimido. A partir de entonces, Guipúzcoa y Vizcaya entraron a formar parte del sistema fiscal del Estado, tras casi sesenta años de autonomía tributaria y administrativa, mientras Alava y Navarra mantenían la fórmula concertada.

Unidos en la represión, laicos y curas acentuaron el carácter agónico y defensivo del nacionalismo vasco, al tiempo que en una transposición del éxodo bíblico caminaron empujados por un futuro de confusa liberación. La oposición al régimen de Franco se ofrecía desde esa hora como el lugar de encuentro de patria, religión y democracia, mientras el gobierno vasco guardaba en el exilio el fuego de la restauración.

BIBLIOGRAFIA

Los tiempos de República y guerra civil son los que más han obsesionado a los historiadores a la hora de narrar la evolución histórica del nacionalismo. Empezamos nuestro repaso bibliográfico incluyendo dos obras que se escribieron en la época republicana, ARRESE, Domingo de, *El País Vasco y las Constituyentes de la II República,* Gráficas Modelo, Madrid, 1932, que ofrece la visión del que fue secretario de la minoría vasco-navarra en las Cortes. URIZA y BERRAONDO, *Los vascos ¿somos españoles?,* Imprenta de José Ausín, Bilbao, 1935.

Centrándonos más en historiadores próximos a nuestros días, destacamos aquí las siguientes publicaciones: MUGARZA MECOLALDE, Daniel, *La política y la guerra en el País Vasco entre 1930 y 1940,* Gráficas Loroño, Bilbao, 1974. ESCUDERO, Manuel y VILLANUEVA, Javier, *La autonomía del País Vasco desde el pasado al futuro,* Editorial Txertoa, 1976. JEMEIN, Ceferino de, *El nacionalismo vasco y la sublevación militar en Euskadi,* Ediciones Alderdi Argitaldaria, Bilbao, 1986. GRANJA SAINZ, José Luis de la, *El Estatuto vasco de 1936,* Ediciones del Instituto Vasco de Administración Pública, Oñate, 1988. Este autor publicó en 1990 *República y guerra civil en Euskadi,* editado por el Instituto Vasco de Administración Pública, 1990, y donde se narra la importante coyuntura histórica que transcurre desde la caída de la dictadura de Primo de Rivera en 1930 hasta la toma de Vizcaya por el ejército de Franco. El libro se divide en dos partes, la primera, dedicada a la II República, estudia el Estado integral y las autonomías regionales así como el sistema vasco de partidos. Las elecciones legislativas locales y las relaciones del nacionalismo vasco con otros periféricos tienen su espacio concreto en este trabajo. La segunda parte del mismo, referida a la guerra civil, estudia la actitud y la evolución de la ideología nacionalista durante el tiempo que duró la contienda. El libro termina repasando el contenido del Estatuto de 1936, así como las características del primer gobierno vasco autónomo de la historia.

Asimismo, José Luis de la GRANJA en *Nacionalismo y II República* investiga exhaustivamente el principal antecedente de la izquierda nacionalista (ANV). Además no olvida la importante evolución del Partido Nacionalista Vasco desde la caída de Primo de Rivera hasta el inicio de la guerra civil. Se examina también el sistema de partidos desde 1930 a 1936, en sus relaciones y conflictos internos, así como su participación, triunfos y fracasos en las elecciones municipales y legislativas del período.

En esta línea de rigor interpretativo de los hechos acaecidos en la II República conviene manejar los siguientes trabajos: CASTELLS, José Manuel, *El Estatuto Vasco,* Editorial Haramburu, San Sebastián, 1976. BEURKO, Sancho de, *El informe del presidente Aguirre al Gobierno de la República,* Editorial La Gran Enciclopedia Vasca, Bilbao, 1978. FUSI AIZPURUA, Juan Pablo, *El problema vasco en la II República,* Ediciones Turner, Madrid, 1979. BLINKHORN, Martin, *Carlismo y contrarrevolución en España,* Editorial Crítica, Barcelona, 1979. VV. AA., *El primer gobierno vasco,* Servicio Central de Publicaciones del Gobierno vasco (3 volúmenes), Vitoria, 1986. ZABALLA ALLENDE, Federico, *El Gobierno de Eus-*

kadi y su labor legislativa, Instituto Vasco de Administración Pública, Bilbao, 1986. LEIZAOLA-JEMEIN-KAREAGA, *El nacionalismo vasco entre dos dictaduras (1930-1937),* Ediciones Alderdi Argitaldaria, Bilbao, 1986. VV. AA., *Simposium sobre el Estatuto vasco de 1936,* Ediciones del Instituto Vasco de Administración Pública, Oñate, 1988. MIRALLES, Ricardo, *El socialismo vasco durante la II República,* Servicio Editorial de la Universidad del País Vasco, Bilbao, 1988. SAIZ VALDIVIESO, A., *Indalecio Prieto y el nacionalismo vasco,* Editorial Laida, Bilbao, 1989. PABLO CONTRERAS, Santiago de, *La II República en Alava,* Servicio Editorial de la Universidad del País Vasco, Bilbao, 1989. DÍAZ FREIRE, José Javier, *Expectativas y frustraciones en la II República,* Servicio Editorial de la Universidad del País Vasco, Bilbao, 1990.

Sobre los posicionamientos de la Iglesia vasca ante el advenimiento de la República resulta útil la lectura de MORIONES, Ildefonso, *Euskadi y el Vaticano (1935-1936),* Roma, 1976. RENTERÍA URALDE, Julen, *Bizkaia en la diócesis de Vitoria (1930-1950),* Bilbao, 1952.

Si se desea obtener información de aquellos políticos vascos que protagonizaron alguno de los capítulos más importantes de la vida institucional republicana en el País Vasco, acúdase a ONAINDIA , Alberto de, *Obras completas,* Editorial La Gran Enciclopedia Vasca, Bilbao, 1980 (V volúmenes). AGUIRRE y LECUBE, José Antonio de, *Obras completas,* Editorial Sendoa, Zarauz, 1981 (II volúmenes). ARIZTIMUÑO, José («Aitzol»), *Obras completas,* Editorial Erein, San Sebastián, 1978 (VI volúmenes). IRUJO, Manuel de, *Desde el Partido Nacionalista Vasco,* Editorial Idatz Ekintza, Bilbao, 1982 (IV volúmenes).

Acerca de la actividad de los nacionalistas vascos ante el conflicto que desgarró España entera entre 1936 y 1939, así como para hacerse una clara idea del transcurso de la contienda en suelo vasco, consúltese GARCÍA, Gabriel, *La campaña del norte,* Editorial Bruguera, Barcelona, 1975. AMILIBIA, Miguel de, *Los batallones de Euskadi,* Editorial Txertoa, San Sebastián, 1978. VV. AA., *Historia general de la guerra civil en Euskadi,* Luis Haramburu, editor, Bilbao, 1979. CHIAPUSO, Manuel, *Los anarquistas y la guerra en Euskadi,* Editorial Elexpuru Hermanos, Bilbao, 1987; del mismo autor, *El Gobierno vasco y los anarquistas,* Editorial Txertoa, San Sebastián, 1978. JIMÉNEZ DE ABERASTURI; L. M. y J. C., *La guerra en Euskadi,* Editorial Plaza y Janés, Barcelona, 1979. BLASCO OLAETXEA, Carlos, *Diálogos de guerra: Euskadi, 1936,* San Sebastián, 1983. JEMEIN, Ceferino de, *Euskadi en guerra,* Ediciones Alderdi Argitaldaria, Bilbao, 1983. VV. AA., *Guernica, cincuenta años después (1937-1987),* Servicio Editorial de la Universidad del País Vasco, San Sebastián, 1987. GONZÁLEZ PORTILLA, Manuel y GARMENDIA, José María, *La guerra civil en el País Vasco,* Servicio Editorial de la Universidad del País Vasco y Siglo XXI de Editores, Madrid, 1988. TALÓN , Vicente, *Memoria de la guerra civil de Euskadi* (3 volúmenes), Editorial Plaza y Janés, Barcelona, 1988. FLANDES ALDEYTURRIAGA, G., «La incidencia de la insurrección militar de 1936 en la vida cotidiana de Bilbao», en *Volumen VII del II Congreso Mundial Vasco,* Editorial Txertoa, San Sebastián, 1988, pp. 81-94. SEBASTIÁN GARCÍA, L., «La financiación popular de la guerra civil en Alava a través del "plato único" y el "día sin postre"», en *Volumen VII del II Congreso Mundial Vasco,* Editorial Txertoa, San Sebastián, 1988, pp. 239-260. UGARTE,

J., «Represión como instrumento de acción política del nuevo estado: Alava, 1936-1939», en *Volumen VII del II Congreso Mundial Vasco,* Editorial Txertoa, San Sebastián, 1988, pp. 275-298. MEER, F. de, «Evolución de las razones del PNV en la guerra de España», en *Volumen VII del II Congreso Mundial Vasco,* Editorial Txertoa, San Sebastián, 1988, pp. 201-215. WATANABE, T., «La guerra civil y Guernica en la prensa japonesa», en *Volumen VII del II Congreso Mundial Vasco,* Editorial Txertoa, San Sebastián, 1988, pp. 331-336. GOÑI GALARRAGA, J., *La guerra civil en el País Vasco,* Editorial Eset, Vitoria, 1989.

De la actuación de la Iglesia vasca en el conflicto civil da buena cuenta GARCÍA DE CORTÁZAR, Fernando, en «Religión, Iglesia y guerra civil en el País Vasco», en *La Iglesia católica y la guerra civil española,* Editorial de la Fundación Friedrich Ebert, Madrid, 1990. Aquí aparecen nuevas reflexiones sobre el papel que jugó el episcopado vasco en la vida guerrera del País Vasco.

Capítulo VI

UNA ESPERA DE CUARENTA AÑOS

Estómagos agradecidos

Una guerra civil nunca termina el día en que se firma el último parte de la contienda. En España, la paz fue la aplicación durante largos años de lo que el propio régimen llamaría *la victoria*. Cientos de miles de personas, después de abril de 1939, se vieron obligados a reorganizar drásticamente su comportamiento y vida en función de las exigencias sociales y políticas del nuevo Estado. Los exiliados hubieron de adaptarse a los países de acogida en una situación nada favorable y con la segunda guerra mundial encima. Los que permaneciendo en el interior habían sido miembros o simpatizantes de las organizaciones políticas derrotadas padecieron una constante proscripción social. Y las generaciones más jóvenes sin haber participado en la guerra, nacieron en un mundo de rencores y carencias elementales.

Como cualquier otro régimen, el franquismo trataría de hacer bueno aquello de que la historia la escriben los vencedores y pondría todos los medios necesarios para conseguirlo. Universidades, institutos, escuelas de profesores y en especial el cuerpo de maestros nacionales fueron objeto de durísimos procesos de depuración... Tras de los cuales, la cultura se impondría al servicio integral de los ideales del nuevo Estado y marginaría importantes parcelas de la historia. España perdía para siempre científicos, investigadores, historiadores, poetas, pintores... Un derroche de sabiduría se iba detrás del último parte de guerra.

Dos sentimientos invadían a los españoles de esos años: un desánimo que hacía presa en los vencidos y una exaltación que mantenía unidos a los vencedores. Muy malos ingredientes para cualquier acuerdo. Pero unos y otros, tarde o temprano, empezarían a buscarse y con diálogo o encontronazos dibujarían el proceso sociopolítico, largo pero no aburrido, del franquismo. Al cabo de casi cuatro décadas, el creador del régimen moría en una cama de un hospital madrileño. Sólo le mataron sus propios años y no la ira organizada de la oposición a su política.

Frecuentemente se habla, sin embargo, de un abrumador antifranquismo. Algo que no se compadece con la real tolerancia con que amplias capas de la sociedad *soportaron* el rigor de esos cuarenta años. Sin un reparto sociológico de los beneficios y poderes del sistema, difícilmente Franco hubiera podido sobrevivir a las crisis, a las presiones exteriores, a la oposición política, a las protestas obreras y a la soledad del poder duradero. Cabe más bien creer que, aparte los apoyos fácticos de los vencedores de la guerra, el general sostuvo su régimen con el concurso de las clases medias y de numerosos obreros, que en el lenguaje de la oposición no pasaban de ser estómagos agradecidos.

Todos estos grupos estuvieron bien representados en el País Vasco, donde el desarrollismo económico trajo pequeñas burguesías enriquecidas gracias al *orden social* y generaciones de empresarios jóvenes beneficiados de la política industrial del régimen y de su autoritarismo. Bien es verdad que los mecanismos de represión funcionaron desde la primera hora y que el poder mantuvo a los españoles en la más absoluta indigencia política y cultural durante largo tiempo.

Por su parte, la gran burguesía vasca no sólo pudo recuperar con el franquismo el poder político provincial, perdido durante la República, sino que consiguió además que el Estado contase decididamente con ella, llegando a tener en Madrid una representación muy superior a la que había alcanzado en otras épocas. Sobre todo, Vizcaya se distinguió como vivero de los cuadros dirigentes del régimen y lugar de origen de una élite política que contribuyó a elaborar y difundir los principios ideológicos del régimen. Gracias a este sector, el nacionalismo español se encontró cómodo en el País Vasco, participando espontáneamente en el hostigamiento y clandestinidad de su adversario vasquista. Cuando, muerto el dictador, dé la vuelta la tortilla, el nacionalismo vasco dejará ver la huella de la hostilidad en su política de reacción; de tal forma que nada pudo influir tanto en su acogida como el patriotismo franquista.

El pecado que no se perdona

Puede decirse, sin temor a exageración, que la constante más repetida en el País Vasco, a lo largo de la dependencia franquista, fue la de la represión política, social y cultural. El miedo a la disociación llevó al Estado del 18 de julio a eliminar del concepto de nación el sentido romántico de comunidad espontáneamente vivida para sustituirlo por el falangista de *unidad histórica*, a la que se atribuye una finalidad, una *unidad de destino*. El Estado franquista se apoderó del ideario joseantoniano en su vertiente más nacionalista para rescatar un conglomerado de regeneracionismo y providencialismo histórico, que asignaba a España nada menos que la responsabilidad universal de salvaguardar los valores cristianos de Occidente.

Pero como los vascos resultaban sospechosos de separatismo, la voluntad de unidad del nuevo Estado español le llevó a tratar de anular los elementos diferenciadores de su región, convirtiendo el problema político en una cuestión policial. Todo movimiento autoritario es centralizador y la Falange y los militares vencedores eran aún más susceptibles, por cuanto la República contra la que se levantaron había accedido a las reclamaciones autonomistas de vascos y catalanes.

El Estado franquista monopolizó los sentimientos nacionales, construyendo un nuevo tipo de nacionalismo que, como siempre ocurre con éstos, habría de ser empleado para buscar adherencias inquebrantables y fidelidades acríticas. Sin embargo, esa ficticia uniformización de la ciudadanía en el ente abstracto llamado comunidad nacional o simplemente nación —con el natural ocultamiento de los conflictos reales— no hizo sino promover una crecida coacción y violencia.

En la misma dinámica de todos los nacionalismos, la proclamación de los valores considerados propios, la defensa a ultranza de *lo español,* acabó exigiendo la destrucción y aniquilamiento de cualquier otra ajenidad. Esa es la causa de los infortunios del País Vasco durante la dictadura franquista. El nacionalismo estatal siempre centralizador y burocrático trató de corregir la trayectoria singular de esa región y acabar con las defensas emocionales levantadas por el vasquismo.

Como cualquier nacionalismo, la teoría patriótica de los del 18 de julio hacía una reinterpretación parcial de la historia, en la que se revitalizaban los elementos comunes en el mosaico español y se suprimían o perseguían los aspectos diferenciales y los particularismos no folklóricos. Para apuntalar ideológicamente al régimen se manipuló el pasado, destacando *la sagrada inviolabilidad de la patria española*, su vocación imperial y la misión de distintos hombres-providencia.

Esta afirmación patriotera produjo, como veremos, el efecto contrario. La mendaz identificación de los gobernados con un Estado que pretendía sumar a todos los españoles, pero que no dejaba participar más que a unos pocos, tuvo que ser impuesta por la fuerza y mediante una progresiva represión. De esta forma, quien pudo cambiar de patria se apuntó a otra. Si el franquismo quiso monopolizar el sentimiento nacional español, el antifranquismo por reacción fichó por el *separatismo* o se solidarizó con él.

En el País Vasco, como en el resto de España, la política de Franco siempre estuvo condicionada por algo tan dramático como es una guerra civil, en la que los ganadores también habían perdido mucha sangre, con todo lo que ésta conmociona. Al mismo tiempo, la pervivencia de la dictadura y con ella el logro de los objetivos propuestos exigieron irremediablemente la tenaz aplicación de medidas represivas sobre los enemigos reales y potenciales. Pasada la primera locura de la victoria, con sus juicios sumarísimos y urgentes ejecuciones, la represión alcanzaría con los años otras áreas más difíciles de cuantificar pero que parecían responder a un odio no oculto de los franquistas, que por boca de la Falange habían denunciado el separatismo como *pecado que no se perdona*.

El nacionalismo vasco fue el gran beneficiado del obsesivo unitarismo del régimen, aunque tuviera que esperar cuarenta años para cobrar su herencia. Con su hostigamiento y represión, el franquismo abonó la diferencia y el ansia de singularidad que Arana proclamara y produjo los efectos que deseaba combatir.

No hay duda de que un buen número de los *separatistas*, denunciados y perseguidos por la calentura del poder central, fueron fruta madura de la torpe política de los separadores de los gabinetes franquistas.

Lo peor de la guerra

El capítulo demográfico es el primer y más profundamente afectado entre los que padecen las consecuencias de cualquier guerra. En el País Vasco a las bajas por motivos bélicos hubo que sumar un importante exilio y el recrudecimiento de las tasas de mortalidad en los años peores de la postguerra. La demografía sólo habría de recuperarse con el paso de la década de los cuarenta y empujada luego por un nuevo aporte emigratorio que enriquecería aún más la diversidad social de la región.

En la vida cotidiana, el período estuvo presidido por la *cartilla de racionamiento* con la que supuestamente se trataba de distribuir con justicia los pocos recursos y alimentos existentes. Sin embargo, fueron la ley del mercado negro con precios escandalosos, la corrupción administrativa y la desigualdad ante el mercado los elementos que prevalecieron frente a las teóricas propuestas de *justicia social* del régimen. La postguerra fue en verdad lo peor de la guerra.

Los primeros años del exilio vasco tuvieron la añadidura de la pesadilla dramática de la invasión alemana, en tierra francesa que por tradición y vecindad había sido siempre buena receptora. Apenas se estaba consolidando la presencia de nacionalistas y socialistas vascos en el sur galo cuando los nazis atacaron las fronteras de Francia. El PNV había utilizado los abundantes medios y recursos que poseía para organizar su estancia en la zona vascofrancesa con la generosa tolerancia del gobierno del país vecino. En Bayona se creó un *Consulado de Euskadi,* en Biarritz un hospital, y colonias y residencias infantiles en otras localidades.

La aproximación nazi provocó la huida o el paso a la clandestinidad de muchos nacionalistas que habían sufrido en su propia carne las buenas relaciones del régimen español con el III

Reich durante la pasada contienda. No anduvieron descaminados los que así obraban, puesto que en mayo de 1940 comenzaban las deportaciones, eran clausurados los locales del gobierno vasco y suspendido el periódico *Euzko Deya*.

Muchos militantes nacionalistas participaron en actividades de la resistencia francesa, bien a título personal, bien secundando las recomendaciones del partido. Los peneuvistas alcanzaron justa fama con su red clandestina de ayuda a los perseguidos por el nazismo y a los aviadores ingleses derribados, a los que paradójicamente lograron hacer entrar en territorio español. Suele ser recordada también la participación nacionalista en la *Brigada Vasca* que, integrada en el ejército francés, intervino en los combates finales por la liberación del país.

A pesar de algún punto oscuro o de unas cuantas actuaciones individuales de colaboracionismo, debe afirmarse que los nacionalistas mantuvieron una actitud enfrentada y hasta activa contra los alemanes. Nada quedó, pues, del filonazismo que como una costra totalitaria y militarista se había incrustado en algunos cenáculos del nacionalismo. El periplo personal de dirigentes o propagandistas, como Irujo u Onaindía o el propio Aguirre, y el acercamiento a los Estados Unidos corroboran esa actitud general antifascista de los miembros del PNV en el exilio.

Lejos de su tierra vasca, pero con mejor instalación y sin sobresalto, numerosos nacionalistas, asimismo, pudieron gozar de la hospitalidad de distintos países de Sudamérica y de su generosa disposición para con el exilio republicano. En México, Venezuela, Argentina y Uruguay principalmente, reforzaron con su dinamismo empresarial colonias vascas ya prósperas y, al conservadurismo de éstas, añadieron la nostalgia y el toque de distinción de sus declaraciones de soberanía. El reloj de la historia vasca quedó parado para ellos en el verano de 1937.

La era Aguirre

Los años en torno a la guerra mundial definen el periodo de más señalado protagonismo del gobierno vasco, y en especial de su *Lendakari*, entre los deteriorados restos republicanos en el exilio. Las esperanzas suscitadas por el derrumbe nazi y el más que presumible aislamiento próximo del franquismo fueron interpretadas, en 1945, por el inveterado optimismo de Aguirre con un *volveremos a casa*, que llenó de júbilo a los escasos simpatizantes del interior que lograron recibir el mensaje del *Aberri Eguna* de ese año. Las cualidades personales de Aguirre resolverían también algunas diferencias de detalle y contenido surgidas en su relación con el socialista Prieto, de modo que durante estos años se estrechan los vínculos del gobierno vasco de concentración. En 1946 forman parte de éste representantes nacionalistas, socialistas, de ANV, republicanos y comunistas. Nadie cuestiona tampoco el liderazgo de Aguirre en la clandestinidad del País Vasco, donde el PNV es quizá la primera fuerza republicana que reconstruye y hace funcionar las células resistentes.

Durante estos años la actividad política del nacionalismo vasco contrasta con la apatía y el mayor desgaste de las demás instituciones y hombres republicanos. Además de las reuniones y contactos permanentes de su gobierno, Aguirre se comprometió en la labor de estimular la legalidad republicana en el exilio y mantener la llama de su alternativa al franquismo. Una perseverante tarea de mediación se refleja en continuos llamamientos a la unidad, en gestiones o entrevistas con las principales personalidades del aplastado régimen republicano, oficiando de soldador de diferencias y ayudándoles a poner en pie el gobierno formado en México, septiembre de 1946, en el que Irujo participa.

No obstante, desde 1947, el cambio de actitud de los aliados respecto a Franco y sobre todo el designio de guerra fría entre rusos y americanos tendrán como resultado un afianzamiento progresivo del régimen español y una continua cascada de decepciones para los exiliados. El nacionalismo vasco, que ha unido su suerte a la de la República, apenas cuenta con margen de maniobra y su salida natural consistirá en ahondar en el antifranquismo, a pesar de tener que reeditar su incómoda alianza con partidos obreros revolucionarios.

A raíz de su estancia en Estados Unidos de 1941, José Antonio Aguirre, que había estrechado relaciones amistosas y sentía admiración por la democracia americana, intentará de modo patético despertar el interés de este país por la suerte de los que estaban bajo Franco. Sus cartas a ministros y organismos internacionales, sus escritos en distintos periódicos pedían machaconamente la intervención de las democracias contra el general. Sin embargo, incluso entonces era poco probable que los americanos se desentendiesen de los crecientes intereses industriales que sus empresas estaban desarrollando y arraigando en España, muy especialmente en suelo vasco. Su fascinación USA impidió ver al animoso *Lendakari* las componendas entre franquistas y norteamericanos, que siempre existieron, aun en los momentos de mayor aislamiento del régimen.

En cambio, los nacionalistas vascos, encandilados por el optimismo de Aguirre, parecían no estar al tanto de la situación y estuvieron confiando en la ayuda americana a la República hasta límites inimaginables. Como obsequio al amigo americano se plegaron a concesiones no solicitadas —pero exigidas por el ambiente creado en la Europa de la guerra fría— con la denuncia y expulsión de los comunistas del gobierno vasco, en mayo de 1948. No estuvieron solos los nacionalistas en este cambio de agujas respecto del comunismo, también el PSOE de Prieto asumió la *necesidad* de arrinconar al PC, si se quería que los USA se convencieran de que sin Franco no habría tampoco revolución en España.

La guerra de Corea en 1950 agiganta las convicciones antisoviéticas de los dirigentes nacionalistas y, sin obtener contrapartidas de ayuda material o moral del bloque occidental, se foguearon en rotundas condenas al totalitarismo ruso. Una paranoia proamericana y antiizquierdista digna del maccarthismo se instaló en los cerebros de algunos dirigentes nacionalistas, que trabajaron en los servicios de información de los USA. La suerte está echada en 1953, cuando se firman los acuerdos militares entre España y los Estados Unidos. La conmoción y desesperanza son grandes en los conciliábulos nacionalistas, que ven diluirse como un azucarillo toda la trayectoria de su gobierno y partido, basada en la estrategia de la ayuda americana. La magnitud del fracaso y la incontestable realidad vasca que mejoraba en el interior, habrían de relegar el protagonismo del exilio en los decenios siguientes.

La que se denomina *política de prestigio* del primer gobierno vasco tendría un digno colofón en la reunión del primer Congreso Mundial Vasco, realizado, sin embargo, en las precarias condiciones del exilio parisino en 1956. Fue diseñado como altavoz agónico de una de las últimas llamadas de socorro del pueblo y la cultura vascas a un entorno cada vez más indiferente por la suerte que pudieran correr. Cuatro años después, en marzo de 1960, al final de la *década triste,* moría en París José Antonio Aguirre, de *optimismo* según un diagnóstico ironizante o de dolor por darse cuenta finalmente del abandono de los americanos, según otros. El primer *Lendakari* murió conociendo, aunque no adivinando ni el alcance ni las posibilidades de una reciente escisión en las filas de su partido: la de los jóvenes *comunistas, fanfarrones y contrabandistas* —como los llamó el también nacionalista Ajuriaguerra— del grupo Ekin, luego transformado en la primera ETA.

Rebelión en la ría

Las primeras organizaciones clandestinas del antifranquismo vasco tomaron cuerpo en torno al PNV, pero en seguida se diversificaron teniendo también como agitadores a distintos miembros de la asociaciones políticas y sindicales prohibidas. Los grupos de oposición estrenaron su actividad antifranquista manteniendo *cajas de resistencia* y ayudando a a los presos y a sus familiares. Pero, a medida que la evolución de las operaciones militares en la guerra mundial y las posiciones del propio *Lendakari* Aguirre pasaban a depender de un proamericanismo confiado, los objetivos y la consistencia del nacionalismo de la *Resistencia Vasca* adquirían mayor envergadura y ambición.

Para facilitar a los aliados todos los objetivos militares e industriales necesarios en una hipotética invasión de la Península, los nacionalistas crearon una importante estructura de colaboración informativa, en la que participaban resistentes de las provincias vascas. La invasión por los nazis de París, donde estaba el centro de la red, sirvió a la Gestapo para ofrecer a la policía española la lista de 23 miembros del PNV complicados en ella.

Las presiones internacionales no consiguieron librar al ingeniero Luis Alava del pelotón de fusilamiento, en mayo de 1943. Más tarde, los consulados de los países aliados en el País Vasco canalizarían la colaboración informativa de los nacionalistas.

Las esperanzas y actividades de la Resistencia vasca redoblarían, una vez derrotadas las potencias del Eje, y a impulso del protagonismo político de Aguirre y su gabinete. A lo largo de 1946, el régimen de Franco pasa por uno de sus peores trances, mientras la oposición en el exilio parece reconstruir sus alianzas y mejorar sus relaciones. La declaración de la ONU contra el franquismo tiene una resonancia mundial, prolongada con la retirada de embajadores en diciembre del mismo año. Pero la escasa intención de las potencias democráticas de pasar de la palabra a los hechos y, sobre todo, la capacidad de maniobra del régimen que consigue una demostración impresionante de apoyo, en la manifestación del 9 de diciembre de la Plaza de Oriente, confirmarían a Franco en el mando vitalicio sobre los españoles.

Los hombres de acción del PNV preparan sus comandos para realizar sabotajes y, en noviembre de 1946, vuelan una estatua del general Mola en el centro de Bilbao. El gobierno vasco proyecta una gran huelga general que haga temblar al régimen y eleve la moral de victoria de los resistentes. La patria vasca es celebrada el domingo de Pascua de 1947, interfiriendo Radio San Sebastián con los gritos de *Gora Euskadi Askatuta*. El primero de mayo de ese año, más de 20.000 obreros animados por una Junta de Resistencia y las tres sindicales, UGT, CNT y ELA-STV, dejan de acudir al trabajo para conmemorar el día grande de sus reivindicaciones. Las amenazas del gobierno a los huelguistas no hacen sino extender el movimiento a las empresas de la margen izquierda de la ría del Nervión y llegan a 30.000 los participantes. La sanción aplicada por el gobernador Riestra, conforme a la legislación del nuevo Estado que tipificaba la huelga como delito de *lesa patria*, consistió en un despido masivo de los participantes y su readmisión posterior controlada con pérdida de antigüedad laboral. Esta medida enconó la actitud de los obreros, que apuraron al máximo los plazos del gobernador, convirtiendo la protesta en una huelga de una semana.

Frente a la deshilvanada y dispersa resistencia anterior, la rebelión de la ría ponía la primera piedra del movimiento antifranquista venidero, en el que habrían de participar, codo con codo, todos los oponentes a la dictadura, en la mayoría de los casos, sin fines sectarios por medio. También fue el bautismo huelguístico de la primera generación antifranquista: los jóvenes recién incorporados al trabajo o los *rojos históricos*, es decir, los hijos de los vencidos de la guerra, pero también los desengañados entre las propias filas del régimen, del que ya habían sido reprimidos los falangistas más radicales, los monárquicos, algunos católicos...

Cuando tiene lugar la huelga, Aguirre está en la cresta de la ola y se arroga con prontitud la responsabilidad y el protagonismo de la protesta. Los centros vascos de América difunden un entusiasta documento, firmado por todo el gabinete, en el que llaman a la unidad de todos los vascos del mundo en *esta hora decisiva*. Pero si en el exilio es Aguirre, sin duda alguna, el que lleva el peso de la oposición nacionalista, en la clandestinidad del interior el hombre del PNV es el ingeniero vizcaíno Juan Ajuriaguerra, no siempre identificado con la estrategia y simpatías del *Lendakari,* hasta hacerse sospechoso a los servicios de información norteamericanos.

Con el pretexto de denunciar la carestía de vida, el 23 de abril de 1951 la Resistencia vasca lanza una huelga que triunfa en los centros industriales de Vizcaya y Guipúzcoa para extenderse más tarde y sin tanto empuje a Navarra y Alava. Como es tiempo de guerra fría, los informes nacionalistas ponen el mismo acento en ponderar su éxito antifranquista y el fracaso de los comunistas, que no participaron en la protesta. Pero es el canto de cisne de la creencia en la articulación de una conspiración internacional, capitaneada por los Estados Unidos, contra el régimen de Franco. Algunos nacionalistas pensaron en aquella hora que su partido había sido utilizado por los americanos no tanto para la liberación de Euskadi cuanto para sustentar su hegemonía en el mundo. En el colmo de la desesperanza, los amigos franceses despojaban al gobierno vasco de su sede parisina de la avenida Marceau y se la entregaban a las autoridades de Franco.

El euskera y la cuadrilla

Estaba claro que al nacionalismo vasco no lo defendería la vía diplomática sino la cohesión de su propia comunidad en el interior de España. Pero en ello iba a jugar con ventaja; la ofrecida por la actitud penca y peleona del régimen de Franco contra el vascuence y demás manifestaciones culturales propias. Esta agresión a la lengua se produjo en un momento en que la religión y la raza, los dos conceptos fundamentales empleados por Sabino Arana para designar a los vascos, habían entrado en bancarrota. La misma que venía arrastrando el euskera desde hacía cien años, cuando la burguesía le dio la espalda. Sin embargo, desplazados los otros definidores de identidad, la lengua ocupó todo aquel espacio desamparado.

La habilidad policial y la torpeza política del régimen de Franco fueron el balón de oxígeno que el vascuence necesitaba. Convertido en esperanza y signo democráticos, el aprendizaje y uso del idioma abandonaron su reducto popular y aldeano para identificarse con la defensa de los derechos humanos pisoteados por el poder central. Salió de las sacristías y de la moralina de los eclesiásticos, sus casi exclusivos cultivadores con pretensiones literarias, y se incrustó en el corazón laico de la protesta y la radicalidad. Pero para ser más operativo en política, el idioma debió superar su fragmentación dialectal y construir una unidad, el *euskera batua*, que se convertiría en la base del programa educativo de las escuelas vascas.

Frente al pluralismo de la sociedad vasca, el euskera y la llamada cultura euskaldún funcionaron como elementos cohesionadores y definidores de identidad de la comunidad nacionalista. Hubo además otros instrumentos que aseguraron los vínculos de la familia sabiniana durante el franquismo. Ser nacionalista del PNV, desde Arana hasta hoy, es mucho más que tener una afiliación política. Consiste, lo apunta Juan Aranzadi, en participar en todo un entramado de condicionamientos y prejuicios sociales, que atan a los miembros del grupo y les hacen vivir su comunidad como una presunta restauración del anterior nacionalismo.

De ahí que los ambientes nacionalistas pudieran ser las mejores academias de socialización política bajo la dictadura de Franco. Porque si es verdad que los duelos con pan son menos, los nacionalistas vascos aliviaron sus penas con un bienestar económico muy superior al del conjunto español. Pero nunca quiso entender el cotarro peneuvista que su privilegiada situación dependía estrechamente del proteccionismo arancelario del Estado y la utilización de la mano de obra inmigrada. De esta forma, la cultura nacionalista supo conjugar el disfrute placentero de un confortable modo de vida con la interiorización del fenómeno represivo y el ansia de liberación.

Con el telón de fondo de un neorracismo —complejo de superioridad mal reprimido, autosatisfacción y nuevorriquismo— distintas prácticas sociales amalgamaron la comunidad nacionalista. Las cooperativas, las escuelas en lengua vasca, las cuadrillas y una cierta jerarquización social machista cumplieron durante el franquismo funciones parapolíticas y ayudaron al mantenimiento y difusión del nacionalismo.

Aparte de las actividades conspiradoras del PNV contra la dictadura, éste se mantuvo siempre vivo en la identificación de muchas prácticas sociales con el espíritu del partido, en el eco de distintos *Aberri Eguna* y en el préstamo de símbolos como la ikurriña y el tono menor en que seguían componiendo los músicos vascos, provocando patriotismos. Los más iniciados pudieron acompañar al PNV mediante el boletín clandestino *Alderdi* en su periplo político que ya para entonces fundía la reintegración foral aranista con el principio de la autodeterminación.

También el arte, cansado de españolear, llega a los años cincuenta con preocupaciones particularistas y redescubre el alma vasca. Es el momento en que se configura la idea de una caracterización del artista vasco, en torno a posiciones políticas y culturales del escultor Jorge Oteiza y los componentes del *movimiento de Aránzazu*. Bajo su padrinazgo y a raíz de su ensayo de interpretación estética del alma vasca titulado *Quosque tandem* proliferan los zahoríes que buscan la identidad nacional de la escultura vasca. El camino se lo señaló Oteiza con su concepción del hueco en la escultura. Un *hueco* que ya no es físico ni se reduce a pura oquedad sino que se constituye en receptáculo del que dimanan significados plásticos y cósmicos; todos ellos en relación con la presunta tendencia vasca a no dejarse diluir en infinitudes cosmológicas para mantener, en cambio, un cerrado coto de autoafirmación personal y anímica. De ahí el rechazo del alma vasca al vacío que diluye y aniquila su entidad, el *horror vacui* de las fantasías de Oteiza.

La cruz y la ikurriña

Si la deslegitimación religiosa del régimen franquista fue un poderoso ariete contra éste, desde los años sesenta, en el País Vasco coincidió con su nacimiento. Un sector de la Iglesia vasca jamás concedería legitimidad a un régimen surgido de la guerra, con todo lo que ésta llevaba de recuerdos idealizados de resistencia, represión y sangre. Pero ¿cómo podría legitimarse con categorías religiosas un Estado victorioso en un territorio, donde la Iglesia y la religión también estaban en el bando vencido? Era algo más que un sarcasmo hablar de la guerra en términos de Cruzada en una región que tenía *pedigree* de religiosidad y de cantera de la Iglesia. Además ningún grupo humano había sido golpeado tanto por la represión franquista como la clerecía vasca. Algo así como una tercera parte de la diócesis de Vitoria tenía experiencias del sentimiento depurador de los militares o de la obsequiosidad del Obispo con las manías del régimen.

En el ámbito del antifranquismo, la Iglesia vasca tuvo merecido prestigio por su defensa de los derechos humanos más allá de los límites de sus diócesis, cuando todas las demás fuerzas sociales y políticas callaban. No hubo foro internacional acreditado donde no estuviera presente algún cura vasco, condenando la falta de libertades del régimen y solicitando la ayuda de todos los demócratas del mundo. Más de algún manifiesto de la oposición llevó la firma del *colectivo de curas vascos* junto a las de los partidos y sindicatos. La fórmula más elegida para sus protestas fue la de la carta-denuncia, destinada o a la Santa Sede o a sus jerarquías inmediatas.

Desde los años de la guerra hasta el final del régimen tuvo el nacionalismo vasco buenos valedores ante el Vaticano. Como las congregaciones religiosas instaladas en el País Vasco habían desperdigado por el mundo a sus curas nacionalistas para evitarse problemas con la gente de Franco, algunos recalaron en Roma y se introdujeron en los despachos de la Curia Vaticana. El propio gobierno vasco en el exilio, como confesaba Jesús María de Leizaola, su presidente a la muerte de Aguirre, mantenía un estrecho contacto con la realidad vasca a través de esos confidentes eclesiásticos, que le hacían sentirse en Roma *en un ambiente nuestro*. Así no es de extrañar que la cúpula eclesiástica estuviera siempre tan enterada y que la diplomacia de Franco encontrara resistencias y resabios en los monseñores romanos.

Especial resonancia tuvo un documento firmado por 339 sacerdotes, con amplia mayoría de guipuzcoanos y vizcaínos, que presentaron a sus obispos, al nuncio y a la Secretaría de Estado del Vaticano en mayo de 1960. Los signatarios condenaban *la persecución de las características étnicas, lingüísticas y sociales que nos dio Dios a los vascos*, los nombramientos episcopales y la situación política vigente. No hay un solo alegato de los eclesiásticos vascos contra el régimen en el que la represión franquista de la singularidad vasca no constituya el centro de la protesta. Cualquier otra denuncia política o social quedó diluida ante sus apocalípticas condenas del uniformismo franquista, al que, en sus efectos en el País Vasco, tildaron de *genocidio*, inquietante palabra pronto consagrada en la literatura episcopal.

Publicaciones clandestinas de curas vascos las hubo en gran número a lo largo de la vida del dictador; la mayoría de ellas confirma el protagonismo clerical en el mantenimiento y promoción de la filosofía y el vocabulario del nacionalismo vasco. Un folleto ciclostilado de nombre *Egiz* vio la luz en marzo de 1950, cuando la Santa Sede presionada por el gobierno español separó de la diócesis de Vitoria las provincias de Vizcaya y Guipúzcoa para erigir dos nuevas sedes. Durante su corta vida de dieciocho números fue objeto de dos decretos episcopales de prohibición por reivindicar *los derechos del pueblo vasco* y defender la autonomía de la Iglesia.

El blindaje de las sotanas

Mientras los seminarios vascos se transforman en los años sesenta recogiendo la onda del cambio social y cultural, la jerarquía mantiene su alianza con el régimen y su esclerosis. La lectura de Teilhard de Chardin vino acompañada de los teóricos marxistas, cuyos libros empezaron a menudear en las bibliotecas de los estudiantes eclesiásticos, aumentando el trabajo de la policía en sus registros. Empezó a hablarse entonces de signos y antisignos y, sobre todo, de *compromiso*, con énfasis en una religiosidad o en una moral de la autenticidad.

Así revolucionada, la Iglesia fue durante largos años el único ámbito de libertad en el País Vasco y fue allí donde un importante sector del nacionalismo vasco tomó cuerpo. Tanto los seminarios diocesanos como los centros de formación de las congregaciones religiosas o sus más importantes conventos aseguraron, a partir del decenio de los sesenta, un espacio cultural más abierto y permisivo que el ofrecido por Franco. Al socaire de esos muros, los curas explotaron el sentimiento agónico del nacionalismo hostigado como forma de oposición al dictador y convirtieron en militantes de una cruzada de *liberación* a su propia clientela.

En torno a los movimiento especializados de *Acción Católica* que atienden a las siglas HOAC, JOC, JARC, los curas vascos van a hacer cristalizar el descontento cristiano ante una Iglesia a la que se pide mayor sensibilidad respecto de las particularidades étnicas y culturales de su grey. De este modo, la Iglesia comenzó a desarrollar en el terreno de la izquierda la función *parapolítica* que venía desempeñando entre las derechas, pero con distinto personal y distintas ofertas religiosas. Para muchos católicos vascos el salto desde el mundillo eclesiástico esotérico y artificial al mundo comprometido y real significó su apertura al nacionalismo vasco, a remolque de una autóctona teología de la liberación.

Si la HOAC bilbaína está en el origen de *Comisiones Obreras*, más de uno ha visto en otro movimiento de Acción Católica, la JARC, el primer fermento de ETA. La dificultad de promover la reivindicación vasquista y la justicia social mediante unas agrupaciones católicas ahogadas por la injerencia de los obispos empujó a los sacerdotes vascos, cansados de pelear, a elegir otras vías de acción más directas y los echó en brazos de organizaciones estrictamente políticas. Frente al moderantismo y pasividad del nacionalismo tradicional, la organización ETA, que siempre fue mucho más que una mera organización, ofrecía un itinerario concreto para la independencia de la patria vasca y unos contundentes medios de actuación. De ahí que esta nueva vía de *compromiso* fuera elegida por sacerdotes y religiosos, empeñados en la lucha contra la dictadura y animados por sus ideas de liberación nacional.

En las aguas revueltas de la oposición a la injusticia franquista y sin apenas debate teórico sobre la licitud del ejercicio de la violencia, un sector de la Iglesia vasca fomentó y, cuando menos, amparó la explosión violenta del sentimiento nacional oprimido, haciéndolo convergente con emociones religiosas y con una visión excluyente de la realidad. Es bien sabido que el fanatismo se convierte a sus anchas en polizón de la religiosidad. Cuando ésta se vive en un ambiente reducido y cerrado evoluciona hacia la trascendentalización; las mediaciones, estructuras, líderes... se van mitificando y pasan a erigirse ellas mismas en *absolutos* y fuentes de fanatismo. ¿Cómo explicar de otra forma el elevado número de sacerdotes y religiosos, seminaristas y excuras que pertenecieron a ETA o estuvieron en sus aledaños?

Desde el momento en que organizaciones como ETA colocaron por delante su reivindicación nacional, un sector de la clerecía vasca prefirió suspender su juicio ético sobre las acciones terroristas. Lo hizo en los años de la dictadura y lo hace, cada vez menos nutridamente, tras la muerte de Franco. Ante un *movimiento de liberación nacional,* cuales fueren sus acciones, no cabían respuestas condenatorias. Mientras el general viviese no faltarían tampoco extensos sectores de la población española que estuviesen dispuestos a cerrar sus ojos ante el terrorismo etarra. Pero la Iglesia vasca que se acostumbró a convivir con la violencia y que fue incrementando su componente nacionalista, por razones que veremos, dejaría correr el tiempo en una cadena de ambiguas tolerancias, antes de situarse —con excepciones— enfrente de ETA.

En agosto de 1968 una cárcel especial para clérigos se inaugura en Zamora, previo acuerdo entre el gobierno y la Santa Sede y en aplicación del artículo 16 del Concordato. Era una de las paradojas de aquel régimen autotitulado cristiano: en España había más sacerdotes presos que en todas las prisiones de Europa, incluídas las de los países comunistas. Un centenar de sacerdotes vascos —siempre mayoría de guipuzcoanos y vizcaínos— fueron clientes de esa cárcel concordataria en sus ocho años de existencia. Tampoco acertó el régimen encarcelando curas. Antes al contrario, la prisión vino a ser algo más que un símbolo de la represión franquista; se convirtió en verdadero laboratorio de acciones de oposición y en cuartel de invierno del nacionalismo vasco.

El enfrentamiento más duro entre la Iglesia y el Estado, de toda la historia del régimen, tuvo también sus raíces vasquistas. Lo ocasionó el Obispo de Bilbao, cuando en una homilía leída en las iglesias vizcaínas, el 24 de febrero de 1974, se pedía una *organización sociopolítica* que asegurase la *justa libertad* del pueblo vasco. El documento había sido redactado por un grupo de sacerdotes y recibido el visto bueno del nada beligerante y nada sospechoso de separatismo, Antonio Añoveros, cuya designación para la sede bilbaína molestó al clero nacionalista. Calificada de *gravísimo ataque a la unidad nacional* la homilía identificaba interesadamente la salvación cristiana con la salvación y liberación étnicas, en la línea del discurso del nacionalismo vasco. Toda la oposición franquista, creyente o no, vibró con el documento por lo que tenía de estocada al régimen, pero mucho más se emocionó con la ejemplar entereza del obispo, negándose a abandonar su sede, como pretendía el gobierno.

BIBLIOGRAFIA

Si se desea conocer las particulares impresiones del destierro de aquellos que tuvieron cargos de responsabilidad en la época republicana, véanse las obras completas de Alberto ONAINDIA, José Antonio AGUIRRE, Manuel de IRUJO ya citadas en el capítulo anterior. Asimismo interesa la consulta de LEIZAOLA, Jesús María de, *Obras completas* (3 volúmenes), Editorial Sendoa, San Sebastián, 1981, y LANDABURU, Francisco Javier, *Obras completas* (V volúmenes), Editorial Idatz Ekintza, Bilbao, 1982.

Los historiadores que con mayor precisión se han acercado al fenómeno de la diáspora y exilio han sido BELTZA, *El nacionalismo vasco en el exilio, 1937-1960,* Editorial Txertoa, San Sebastián, 1977. AMEZAGA DE IRUJO, Arantzazu, *Crónicas de «El Alsina»,* Editorial Idatz Ekintza, Bilbao, 1982. SAN SEBASTIÁN, Koldo de, *Crónicas de posguerra (1937-1951),* Editorial Idatz Ekintza, Bilbao, 1982; del mismo autor, *El exilio vasco en América (1936-1946),* Editorial Txertoa, San Sebastián, 1988. BASALDUA, Pedro de, *Crónicas de guerra y exilio,* Editorial Idatz Ekintza, Bilbao, 1983. URCOLA, Felipe, *Crónicas de París* (2 volúmenes), Editorial Idatz Ekintza, Bilbao, 1986. GONZÁLEZ PORTILLA, Manuel y GARMENDIA, José María, *La posguerra en el País Vasco,* Editorial Kriselu, San Sebastián, 1988.

Haciendo hincapié en los sufrimientos que padecieron los religiosos vascos en tiempos de guerra civil y aun después, ISPIZUA, Tiburcio, ha publicado *Odisea del clero vasco exiliado,* Bilbao, 1986. Centrándonos en la actuación de la Iglesia vasca en el franquismo, se ha escrito GARCÍA DE CORTÁZAR, Fernando, «La Iglesia que Franco no quiso», en *Revista Saiok*, n.º 5, 1983; del mismo autor, *Socialismo, nacionalismo, cristianismo,* Editorial Desclée, Bilbao, 1980. IZTUETA, Paulo, *Sociología del fenómeno contestatario del clero vasco (1940-1975),* Editorial Elkar, San Sebastián, 1981, y también R ENTERÍA URALDE, Julen, *Iglesia y huelgas en Euskadi (1950-1960),* Bilbao, 1986. Acerca de la huelga de 1947 en Vizcaya que por su trascendencia e importancia es uno de los fenómenos más interesantes de nuestra historia más reciente, consúltese el magnífico trabajo de LORENZO ESPINOSA, José María, *Rebelión en la ría,* Ediciones de la Universidad de Deusto, Bilbao, 1988, donde, con claridad expositiva y notable acierto metodológico se narran los conflictos laborales de aquellos primeros tiempos del franquismo vizcaíno. Del mismo autor léase *Dictadura y dividendo, el discreto negocio de la burguesía vasca, 1937-1950,* Ediciones de la Universidad de Deusto, Bilbao, 1989. Aquí se analiza la trayectoria de las actividades empresariales de la oligarquía vasca en los momentos inmediatos a la caída de Bilbao, hasta la mitad de siglo. En esta línea también resulta útil la obra de GARCÍA CRESPO, Milagros, VELASCO, Roberto y MENDIZÁBAL, Arantza, *La economía vasca durante el franquismo,* Bilbao, 1981.

De la evolución clandestina de las actuaciones del Partido Nacionalista Vasco, tanto dentro como fuera del País Vasco, da buena cuenta IBALZÁBAL, Eugenio, en *Cincuenta años del nacionalismo vasco (1928-1978),* Ediciones Vascas, San Sebastián, 1978. GARMENDIA, José María y ELORDI, Alberto, *La resistencia vasca,* Editorial Haramburu, Zarauz, 1982, y MORÁN, Gregorio, *Los españoles que dejaron de serlo,* Editorial Planeta, Barcelona, 1982.

Sobre las andanzas americanas del famoso Jesús de GLINDEZ, destacado miembro del PNV, recientemente han sido recopilados sus escritos dispersos en *Artículos políticos, 1943-1956,* Ediciones Alderdi Argitaldaria, Bilbao, 1985. Si se desea desvelar las actividades llevadas a cabo por los vascos en la Europa bélica entre 1940 y 1945, véase ROMAÑA ARTEAGA, J. M., *La II guerra mundial y los vascos,* Editorial Mensajero, Bilbao, 1988.

Capítulo VII

EL NACIONALISMO DE LA IRA

LA organización terrorista ETA es el fenómeno histórico más importante de los que arrancan de la era de Franco. Ningún otro movimiento nacido en esos cuarenta años ha tenido una influencia política, social y cultural comparable a la que gozó y sigue gozando ETA. Porque, más allá de su protagonismo en el enconamiento de la crisis política de los postreros años del régimen de Franco y en la desestabilización de la monarquía parlamentaria, hay que ver en ETA la raíz de sustanciales transformaciones en el seno de la sociedad vasca.

Al igual que el grito independentista de Arana, la protesta de ETA tendría como horizonte la mudanza socioeconómica del País Vasco y la escalada de la inmigración. Entre 1955 y 1975, la región vería aumentar su población en un 60%, frente a un crecimiento medio de la población española del orden del 23%. Otra vez, como en el siglo pasado, la inmigración, que alcanzó proporciones desmesuradas en Guipúzcoa y Vizcaya, enriquecía y sacudía al País Vasco, repercutiendo inmediatamente en su configuración política y social.

Más que causa, la represión franquista —objeto de jugosos análisis de Juan Aranzadi— fue requisito o condición de posibilidad de la violencia de ETA; no sólo de su nacimiento sino también de su eco y de la comprensión e indulgencia que encontró en amplios sectores del pueblo vasco. En el carnaval trágico del País Vasco dicha organización consiguió vincular la conciencia vasca, el *ser vasco,* al sentimiento antirrepresivo y al rechazo a las Fuerzas de Orden Público. En efecto, toda la comunidad nacionalista aceptó con facilidad, como señales de identidad diferenciadoras, la interiorización del hecho represivo —aunque a buena parte de ella no le afectara— y la repulsa a los agentes de la represión.

Es ETA una conciencia nacionalista interclasista, que se hace presente con distintas manifestaciones en diversos sectores sociales. Si el nacionalismo vasco, más que una ideología, es una *conciencia social*, ETA, que brotó de ella, nació también de su conciencia; asumió ésta, en vez de combatirla. Por ello, cualquier nacionalista vasco podrá condenar los métodos de ETA, pero lo que nunca podrá hacer sin traicionar su conciencia nacionalista es rechazar el propósito final de la organización: la independencia de Euskadi. Por el resbaladizo terreno de los fines y medios, con Maquiavelo al fondo, se ha movido el nacionalismo vasco tradicional acompasando sus apoyos y condenas a ETA al ritmo de oposiciones, transferencias e intereses en una historia de amor y desamor que es, como veremos, la crónica del postfranquismo.

En el ánimo de los españoles que sufrieron la cuarentena franquista hay dos ETA bien distintas. Una, la que golpeó con contundencia los aparatos de la dictadura y se dejó sentir como una esperanza; la otra, la que asesta cornadas a la democracia y se percibe como una pesadilla. Ambas son hijas del nacionalismo vasco y es su entraña radical y su sentimiento airado los que alimentan su engranaje.

Los hijos de los gudaris

A la altura de los años cincuenta, el nacionalismo vasco de los combatientes de la guerra tiene ya sus retoños, que no viven del recuerdo petrificado de la guerra ni de la nostalgia inoperante de autonomías y libertades. Son jóvenes universitarios, que empezaron leyendo a Unamuno, *por ser vasco* y cristiano rebelde y que recalaron en otros filósofos con el fin de imitarlos. Mientras sus padres conjugan las protestas domésticas y sus fobias a Franco con la liquidez económica y el medro social, ellos se asfixian en una sociedad castrada y castrante. Como los primeros nacionalistas, son bilbaínos y estudian carerras de futuro en Deusto y en la Escuela de Ingenieros. En 1952, Aguirre, Benito del Valle, Ganzarain, Madariaga, Alvarez Emparanza deciden reunirse para publicar un boletín *Ekin* (hacer), que sirva de válvula de escape de sus preocupaciones nacionalistas no aliviadas por el conformismo del PNV.

El movimiento *Ekin* se extiende por Guipúzcoa y Vizcaya y, en 1956, estos grupos de estudios se integran en la organización juvenil EGI, dependiente del PNV. Las relaciones de estos jóvenes nacionalistas con la dirección del partido y con su hombre fuerte Ajuriaguerra se fueron haciendo difíciles hasta llegar a una ruptura, que tendría lugar en 1958. Mientras las juventudes del PNV destacaban por su sentido folklórico y tabernario de la militancia política, los de *Ekin* eran motejados despectivamente de intelectuales. De la escisión nació, también el día de san Ignacio, 31 de julio de 1959, la organización *Euskadi eta Askatasuna*, ETA, con la divisa de patriotismo vasco, democracia y aconfesionalidad.

Los primeros años de la vida del grupo se traducen en un activismo elemental, aunque igualmente peligroso por las detenciones, multas o condenas que comportaba. Se trataba de pintadas, siembra de octavillas, colocación de *ikurriñas* o reuniones de estudio. La policía empieza a inquietarse a raíz de los primeros explosivos colocados por ETA en 1961 y, especialmente, tras la intentona frustrada de descarrilamiento de un tren de excombatientes franquistas, el 18 de julio de ese mismo año, que provocó la primera redada masiva de militantes y el exilio de sus principales líderes. En esta etapa inicial los jóvenes etarras redescubren el nacionalismo sabiniano, se preocupan por su formación política y ahondan en la hostilidad a los inmigrantes, a los que consideran extranjeros aliados del poder opresor español. Sienten asimismo un fuerte rechazo al marxismo y equiparan comunismo y fascismo.

En mayo de 1962, ETA celebra en el exilio su primera Asamblea, en la que da un paso hacia la acomodación del nacionalismo sabiniano a la nueva realidad socioeconómica del País Vasco. Frente a la pasividad y al pacifismo desmovilizador del PNV (todavía el partido de referencia), ETA se define como *movimiento vasco de liberación nacional* y aprueba una estrategia de preparación guerrillera y de lucha armada, inspirada en los movimientos tercermundistas de emancipación (Argelia, Cuba, Zaire...). Las declaraciones de la Asamblea pretenden situar la organización a medio camino entre las dictaduras *fascistas o comunistas*, proclaman su aconfesionalidad y repudian el racismo, en un intento de romper con algunas señas de identidad histórica del progenitor nacionalista. En los aspectos socio-económicos predomina la indefinición, al admitir la necesaria presencia de capital y trabajo, en una participación *proporcional y correspondiente*. Su idea fuerte en el campo cultural es la exigencia del euskera como única lengua nacional vasca; en ella trabaja Alvarez Emparanza (Txillardegui) hasta convertirse en una autoridad.

La inestabilidad y la crisis de crecimiento de la nueva organización, sólo comprensibles desde la dinámica vertiginosa que le imprimen sus jóvenes militantes, hacen necesaria una nueva Asamblea, la segunda en menos de un año. En ese breve período se pueden detectar ya los primeros síntomas de una proxima disidencia y del enfrentamiento consiguiente entre elementos nacionalistas y militantes situados a la izquierda, partidarios de una definición *socializante* de la organización. En esta segunda reunión la influencia del escritor Federico Krutwig es muy notable. A través de su *Vasconia,* en la que recoge a su vez algunos principios radicales sabinianos como el independentismo incondicional o la negación histórica de la lucha de clases en Euskadi, este teorizador populariza entre los etarras los principios de la guerra revolucionaria que *habría de liberar* el País Vasco.

La actitud equívoca de Krutwig con la clase obrera, en especial los emigrantes, va a ser superada por el intento de identificación entre *liberación nacional* y *revolución social*, realizado por otro de los ideólogos de esta primera fase. El abogado bilbaíno José Etxebarrieta se inspira en la incorporación *maoísta* del nacionalismo a la lucha de clases en la China de los años cuarenta, en la que coincidieron el enfrentamiento entre burguesía china y campesinado con la guerra contra los ocupantes japoneses.

A partir de la aplicación de este esquema a la imagen de una Euskadi *ocupada* y en permanente conflicto de clases, se desarrollará en ETA un ala izquierdista, que ya en el verano de 1963 mantiene contactos con el movimiento obrero de la margen izquierda bilbaína, aunque no sea hasta la segunda parte de la V Asamblea que se pueda tener en estima una definición del obrerismo etarra. Así y todo, cuando la organización edita un opúsculo titulado *La insurrección en Euskadi,* en el que expone los principios y técnicas de la lucha armada es clara la influencia *maoísta* de las aportaciones de Etxebarrieta.

Desde este primer intento de adaptación a la estrategia guerrillera del nacionalismo tercermundista, los distintos modelos de actuación que ETA fue acordando siempre adolecieron de idéntico defecto de dar la espalda a la realidad. Respondían a situaciones sociales y económicas que nada tenían que ver con las del País Vasco y que consiguientemente sólo la violencia podía implantar.

El gran Leviatán

La aparición de ETA se ha situado en un contexto vasco en el que, junto a la persistencia del sentimiento nacionalista y al fracaso de la política reformista del PNV y del *Lendakari* Aguirre se localizaría una permanente crisis de los valores tradicionales de la sociedad vasca acelerada por la segunda revolución industrial y la represión lingüístico-cultural del franquismo. Sin embargo además de estas realísimas circustancias es preciso tener en cuenta también otras variables no menos influyentes. Por una parte, la frustración de la derrota militar se había encarnado entre muchos nacionalistas y algunos otros republicanos en un deseo de venganza que se dirigía habitualmente hacia los miembros de las fuerzas armadas, policía, guardia civil... Este sentimiento fue trasmitido en el País Vasco de padres a hijos y era reeditado con cada intervención represiva del régimen.

Otro hecho de gran trascendencia y duración había sido la profunda transformación socioeconómica de los vascos y el afianzamiento del ideario socialista, sin que el nacionalismo peneuvista supiera acertar en su adecuación programática a esos cambios. La escisión de ANV al comienzo de los años treinta constituyó un auténtico síntoma de la necesidad de pluralismo político en la familia nacionalista. Advertencia cuyo sentido pasó desapercibido hasta que la radicalización y profundización en las estructuras sociales y políticas tras la guerra desembocó en una disidencia de entidad ideológica y repercusiones mucho mayores.

A pesar de los titubeos y las adherencias aranistas, la evolución de ETA iba a tener en cuenta necesariamente el protagonismo del socialismo obrero, verdadero motor de la historia vasca en pie de igualdad con el nacionalismo, desde su aparición simultánea. Pruebas de este evolución pueden ser rastreadas desde 1964 y antes, pero empiezan a sonar con fuerza en la III Asamblea (abril-mayo de 1964) en la que se ataca por primera vez sin rodeos al PNV, que es calificado de burgués al mismo tiempo que se proclama un nacionalismo anticapitalista.

No es desdeñable, ni mucho menos, la aportación que el joven movimiento recibiría del sector católico de base y de los curas jóvenes, cuya beligerancia nacionalista ya conocemos. Desde el arranque de los sesenta en torno a la agitación producida por el concilio Vaticano II se constata una intensa toma de conciencia social por parte de muchos cristianos que se preocupan vivamente de los problemas que afectan a las clases populares. La vehemencia participativa de seminaristas, clérigos y trabajadores católicos encontrará un excelente cauce en la radicalización teórica y práctica de la nueva organización.

Cuando en 1965 se convoca la IV Asamblea, el binomio socialismo-nacionalismo se ha abierto paso entre el contenido programático de ETA y la incorporación de intelectuales de izquierda o progresistas va acentuando el carácter *socialista* de la dirección. También está a punto de cerrarse una primera fase en la trayectoria de ETA, en la que se han formulado fantásticas y mayúsculas pretensiones que han permitido calificarla de periodo de la *guerra revolucionaria*. Sin embargo se trata en realidad de una época de marcado aislamiento político y social, en la que ETA es rechazada por los dirigentes del PNV y mirada con desconfianza por el movimiento obrero, en el que CCOO empieza a consolidar posiciones y a sustituir a los sindicatos históricos.

El fetichismo de la sangre

Una nueva concepción de la lucha armada, basada en la teoría de la espiral acción —represión— acción, se abre camino tras la IV Asamblea de 1965, teniendo como resultado una mayor incidencia social y popular en los próximos años. Mientras tanto van cristalizando dentro de ETA diversas tendencias políticas que polemizarán entre sí y se enfrentarán abiertamente en la siguiente reunión. Tras el primer atraco realizado en noviembre de 1965, la actividad policial provocó la huida de España de bastantes militantes y cuadros de la organización. Se acentúan los ataques al PNV, al que se presenta como el partido del gran capital en Euskadi y cuando los peneuvistas convoquen el *Aberri Eguna* de 1966 en Vitoria, los etarras lo harán en Irún-Hendaya con el lema *patriotismo obrero frente a nacionalismo burgués.*

Entre diciembre de 1966 y marzo del año siguiente, uno de los acontecimientos más decisivos de la historia reciente del País Vasco, la V Asamblea de ETA, tiene como escenario dos establecimientos eclesiásticos guipuzcoanos, la casa cural de Gaztelu y la residencia veraniega de los jesuítas en Guetaria. La alternativa entre la seducción europeísta y la tentación tercermundista se resolverá entonces con el triunfo de esta segunda opción. Después de un proceso de lucha interna, saldado con una disidencia y la separación de una parte importante de la directiva histórica, la organización que surge de esta Asamblea desencadenará una serie de acciones violentas en el marco de un franquismo incapaz de evolucionar.

Los *españolistas* separados de ETA forman otra organización ETA *berri* (nueva) que tomará el nombre de *Movimiento Comunista de España* de orientación prochina. Los culturalistas son derrotados en la segunda parte de la Asamblea y poco más tarde Txillardegui, Benito del Valle y Aguirre abandonan ETA por considerar que el marxismo-leninismo se había convertido en la ideología oficial de la organización y por desacuerdo con la ofensiva que se preparaba.

Bajo la presidencia de Etxebarrieta, la Asamblea adopta los postulados del nacionalismo revolucionario y estructura la organización en cuatro frentes, *político, militar, obrero y cultural.* Corrige su anterior autodefinición como *movimiento socialista vasco de liberación nacional*, lema en el que aparece el término *socialista*, ausente en su primera enunciación de 1962. En junio de 1968, la muerte del propio Etxebarrieta por disparos de la guardia civil precipitará los acontecimientos y empujará a ETA definitivamente a la lucha armada, sobre cuya licitud se había solicitado antes asesoramiento sacerdotal.

La nueva estrategia adoptada se lanza mediante la intensificación de acciones violentas (bombas, atracos...) que contribuyen a popularizar a ETA y sus objetivos y a preparar la base sociológica que asegure el buen resultado de la *espiral*. En este sentido la muerte, en agosto de 1968, del cruel policía Melitón Manzanas, seguida de una escalada espectacular de la represión produjo la reacción esperada de incremento de la lucha social y aumento de la conciencia antifranquista, además de la sensación de vulnerabilidad del aparato del Estado.

El *Frente Obrero* de ETA se puso en marcha en medio de la estrategia de espiral con efecto de doble filo, ya que mientras la acción armada contra el Estado puede contribuir a la afirmación de la popularidad de los etarras, el mismo radicalismo les perjudicará entre la mayoría de obreros proclives a la moderación. En 1967 el *Frente Obrero* de ETA apenas cuenta con una veintena de militantes, aunque su presencia ya se nota en las grandes fábricas vizcaínas (Babcock, La Naval, Altos Hornos, General Eléctrica) y en algunos centros fabriles guipuzcoanos (Mondragón, Hernani, Beasain). Menudean los contactos con dirigentes comunistas y finalmente, en ese mismo año, el *Frente* entra a formar parte de CCOO.

También ETA con su radicalismo nacionalista ha conseguido ganar a unos cuantos curas que difunden el movimiento entre su clientela, ofreciendo modelos de resistencia cristiana al *genocidio* franquista. La policía está convencida del apoyo sacerdotal a ETA y proliferan los registros y las detenciones. En agosto de 1968, una cuarentena de sacerdotes ocupa las oficinas del obispado bilbaíno para denunciar la actitud contemporizadora del Obispo con la policía. Es la primera vez en la historia de la Iglesia española que un edificio religioso es tomado por sacerdotes. Surge un colectivo de curas bautizado con el nombre de *Gogor* (fortaleza) que canaliza la protesta más radical de la Iglesia contra el régimen, llevándola muy en sintonía con los objetivos y estrategia de ETA.

A partir de 1968 las secularizaciones sacerdotales se hacen, de día en día, más frecuentes, manifestando su conexión con el radicalismo de ETA y con los enfrentamientos de clero y jerarquía. Inmersa en una abierta lucha política contra el régimen la Iglesia vasca tuvo que pagar un precio bien alto por su beligerancia. El abandono del sacerdocio y la religión por cientos de curas y católicos militantes fue el saldo último de esta tentación radical del nacionalismo eclesiástico. De esta forma nacía una nueva categoria social —los excuras, exreligiosos, exseminaristas—, que tanto juego daría en los partidos políticos vascos a la muerte de Franco.

Las acciones unen

Durante la primavera de 1969 son detenidos numerosos dirigentes etarras, por lo que se confía la dirección de la organización a estudiantes y miembros del Frente Obrero. En agosto de 1970, convocan una VI Asamblea, a las que no acuden los elementos más radicales conocidos como los *milis*. El resultado de ella es un decidido eclipse de las posiciones nacionalistas y un avance del proceso de izquierdización que fue denunciado como *españolismo* por los que habían quedado fuera. En medio de esta polémica se fija la fecha, el 3 de diciembre, del *Proceso de Burgos* que había de juzgar a 15 dirigentes de ETA, acusados de participar en el atentado del comisario Manzanas. Las peticiones del fiscal suponían seis penas de muerte y siete siglos de cárcel. El gobierno quería dar un escarmiento a ETA e intentó hacer del proceso el juicio general contra la organización.

Ocurrió precisamente lo contrario, siendo el régimen franquista el gran procesado y condenado por la opinión pública, mientras que ETA adquiría popularidad universal. Desde el final de la guerra civil ninguna causa había podido aunar, más o menos espontáneamente, los esfuerzos movilizadores de la oposición ni había hecho tambalearse tanto los firmes cimientos del franquismo. Los procesados hábilmente se dedican a acusar al régimen y a los tribunales militares que lo representaban en la sala, en lugar de defenderse. Una inusitada apertura informativa, de orígenes todavía poco claros, permitió a la opinión pública seguir emocionada y esperanzada las sesiones en las que varios de los etarras se proclamaron rotundamente *marxistas leninistas*, con el consiguiente escándalo de la familia nacionalista. La presión adquiría carácter universal, como en los tiempos duros de la dictadura, y resultó suficiente para convencer a Franco de la concesión del indulto.

Las muestras de apoyo en torno al juicio señalaban también el techo máximo que podía alcanzarse con la práctica de la estrategia de la espiral de la violencia, formulada desde 1965. Significaban el momento de mayor popularidad de ETA, su reconocimiento internacional y, de hecho, la prueba de madurez política de una porción de los españoles. Pero no añadían nada a la propia organización, que en 1971 atravesaba por una de sus más graves escisiones, la de ETA V y ETA VI. Esta última consumaría su ruptura con el nacionalismo y evolucionaría hacia posiciones trotskistas, comunistas... en cuyas organizaciones se integraron luego muchos de sus componentes.

El sector que se afirmó bajo las siglas ETA V mantuvo una mayor coincidencia entre sus componentes, sin rechazar ni el nacionalismo revolucionario ni el activismo obrero, probándolo con algunas acciones ligadas a reclamaciones en empresas y con secuestros de empresarios. La organización poco a poco se recuperó de la crisis interna y de las caídas, aumentando el número de militantes con jóvenes de EGI, al mismo tiempo que mejoraba su infraestructura. El comando *Txiquia* (nombre que recordaba al dirigente muerto por la policía el año anterior) hace volar el coche del presidente del gobierno Luis Carrero Blanco, sembrando la confusión e incertidumbre entre el *búnker* franquista, que contaba con su brazo firme para asegurar la sucesión continuista.

En septiembre de 1974 un atentado contra una cafetería frecuentada por policías en la calle del Correo de Madrid dejaba sin vida a once personas. Para *Argala*, principal dirigente de los *milis*, la acción había sido una *chapuza* por la falta de especialización del comando ejecutor, mal informado de la clientela del establecimiento. Precisamente las diferencias surgidas en la valoración del atentado provocaban, un mes después, la escisión de ETA en dos organizaciones, ETA *militar* y ETA *político-mi-*

litar, discrepantes en la función de la lucha armada y su articulación con la subversión popular. Ambas ETA se fueron distanciando más y más, a pesar de sus coincidencias en el deseo de una Euskadi independiente, socialista y euskaldún. La discrepancia residía en la estrategia seguida; mientras ETA (p-m) permanecía fiel a los esquemas insurrecionales, tratando de compaginar la lucha armada con la acción de masas, ETA (m) rechazaba la estructuración político-militar y como tal grupo armado no consideraba procedente participar en operaciones de masas.

Los meses anteriores a la muerte de Franco fueron de una actividad intensa para las dos ETA, que veían en cualquier miembro de las Fuerzas de Seguridad un buen objetivo. El gobierno también atacó y, con el telón de fondo del estado de excepción de abril de 1975 y de la *Ley Antiterrorista* de agosto, cayeron muertos o presos destacados dirigentes *político-militares*. Poco antes de morir, Franco ejecutaba a dos etarras en medio de un mar de manifestaciones y protestas contra su persona y contra su régimen.

BIBLIOGRAFIA

La atracción hacia el estudio de la evolución de ETA está motivada por ser la organización política vasca más importante nacida durante el franquismo. Gran parte de lo que se ha escrito está imbuido de la praxis política de la organización, aunque últimamente han aparecido obras de alto nivel. Empezamos nuestro repaso con: MASPERO, François, *Batasuna, la repression au Pays Basque,* París, 1970. IBARRA ENZIONDO, Luis de, *El nacionalismo vasco en la paz y en la guerra,* Ediciones Alderdi, Bayona, 1970. HALIMI, Gisèle, *Le proces de Burgos,* con prólogo de Jean-Paul Sartre, Ediciones Gallimard, París, 1971. KERMAN ORTIZ DE ZÁRATE, R., *El problema revolucionario vasco,* Editorial La Pléyade, Buenos Aires, 1972. PORTELL, José María, *Los hombres de ETA,* Editorial Dopesa, Barcelona, 1974. ORTZI, *Historia de Euskadi: el nacionalismo vasco y ETA,* Ediciones Ruedo Ibérico, París, 1975; del mismo autor, *Los vascos, ayer, hoy y mañana,* Ediciones Mugalde, Hendaya, 1976. KUFMANN, Jacques, *Mourir au Pays Basque,* Ediciones Plon, París, 1976. IRUETA, Paula y APALATEGUI, Jokin, *El marxismo y la cuestión nacional vasca,* Editorial Itxaropena, San Sebastián, 1977; de este último escritor véase también *Los vascos de la nación al Estado,* Editorial Elkar, San Sebastián, 1979. FOREST, Eva, *Diario y cartas desde la cárcel,* Editorial Hordago, San Sebastián, 1978; de la misma autora, *Testimo-*

nio de lucha y resistencia, Yeserías, 1975-1977, Editorial Hordago, San Sebastián, 1979. AMIGO, Angel, *Pertur y ETA (1971-1976),* Editorial Hordago, San Sebastián, 1978. ERAUSKIN, J. S., *Txiki y Otaegui,* Editorial Hordago, San Sebastián, 1978; del mismo autor, *Operación Poncho, las fugas de Segovia,* Editorial Hordago, San Sebastián, 1978. AGUIRRE, Julen, *Operación Ogro,* Editorial Hordago, Bilbao, 1978.

Una importantísima y muy útil fuente documental de las actividades políticas, manifiestos, proclamas y otras actividades de ETA está recogida en EQUIPO REDACTOR DE HORDAGO, *Documentos de ETA,* Editorial Hordago (18 volúmenes), San Sebastián, 1979-1981.

De los análisis más recientes destacaremos los trabajos de GARMENDIA, J. M., *Historia de ETA* (2 volúmenes), Editorial Haramburu, San Sebastián, 1979, que incluye un rico apéndice. ONAINDIA, M., *La lucha de clases en Euskadi (1939-1980),* San Sebastián, 1979. UNZUETA, J., «La V Asamblea de ETA», en *Revista Saioak,* n.º 4, 1980, IBARZ, M., *Breve historia de ETA (1959-1979),* Ediciones de La Magrama, Barcelona, 1981, que a pesar de su brevedad el libro es, sin duda alguna, un buen resumen de los primeros veinte años de la banda terrorista. JÁUREGUI BERECIARTU, G., en *Ideología y estrategia política de ETA,* Editorial Siglo XXI, Madrid, 1981, pasa revista con todo lujo de detalles a los fundamentos teóricos sobre los que se ha sustentado el grupo armado de 1959 a 1968. ARANZADI, Juan, en *Milenarismo vasco,* Taurus Ediciones, Madrid, 1981. Se pronuncia contra el dogmatismo (marxista o nacionalista), el empirismo, el romo cientifismo carente de ambición retórica, o el descontrolado e ignorante esoterismo que caracteriza a la mayoría de los estudios sobre temas vascos. Se analiza el fenómeno del terrorista de ETA, al cual se define como milenarista. Véase también MUÑOZ ALONSO, A., *El terrorismo en España,* Barcelona, 1982. GARCÍA RONDA, Angel, «ETA y la democracia», en *Revista Cuadernos de Alazate,* n.º 2, primavera de 1985. ERIZ, Juan Félix, *Yo he sido mediador de ETA,* Arnao Editorial, Madrid, 1986.

LINZ, J. J., en *Conflicto en Euskadi,* Editorial Espasa-Calpe, Madrid, 1986, presenta un profundo ensayo que introduce desapasionadas reflexiones de alto vuelo sobre la violencia, la política y el sistema de partidos en el País Vasco. Otro tanto hace BRUNI, L., en *ETA, historia política de una lucha armada,* Editorial Txalaparta, Bilbao, 1987, que oferta la visión del fenómeno separatista etarra de un analista extranjero. IBARRA GUELL, P., en *La evolución estratégica de ETA,* Editorial Kriselu, San Sebastián, 1987, estudia con seriedad los métodos y planteamientos político-ideológicos, así como la técnica y la infraestructura «militar» utilizada por ETA entre 1963 y 1987. De reciente publicación e interés es el libro de PLAYA MASET, J. y BATISTA, Antoni, *Artapalo, ETA, después de Txomin,* Editorial Portic, Barcelona, 1988. SULLIVAN, J., en *El nacionalismo vasco radical,* Alianza Editorial, Madrid, 1988, sintetiza la historia del País Vasco, de 1959 a 1986, a través de la actividad de ETA en sus distintas Asambleas (en especial la V y la VI), así como su evolución programática, el juicio de Burgos de 1970, o el atentado contra Carrero Blanco en 1973.

Sobre la filial etarra en el País Vasco-francés, véase MORUZZI, Jean-Franóis, y BOULAERT, Emmanuel, *Iparretarrak, separatisme et terrorisme en Pays-Basque français,* Editorial Plon, París, 1988.

De la ideología e intenciones políticas de las personas que comandaron el País Vasco en tiempos de Franco escribió MARIEZCURRENA, Elena, «La clase dirigente de Vizcaya durante el franquismo», en *Revista Saioak,* n.º 5, 1983. Sobre los esquemas teóricos nacionalistas en la clandestinidad, véase GURRUCHAGA, Ander, *El código nacionalista vasco durante el franquismo,* Editorial Anthropos, Barcelona, 1985; del mismo autor, *La refundación del nacionalismo vasco,* Servicio Editorial de la Universidad del País Vasco, Bilbao, 1990.

Capítulo VIII

LA DEMOCRACIA NACIONAL

CUANDO en noviembre de 1975 se permitía morir por fin a Franco, en el País Vasco ya se habían hecho perseverantes dos palabras, *amnistía* y *autonomía,* que dejarían escrita la historia de los años posteriores. Si muerto el dictador muchos creyeron haber matado al padre y con él sus demonios familiares, pronto se darían cuenta de que la liberalización de la vida privada y pública tendría que aceptar la ortopedia de algún tipo de ordenanza, constitución o reglamento que pusiera banderillas al neófito del desmadre español. Más que en ninguna otra parte de España, en el País Vasco el poder político, fuera éste cual fuere, perdió siempre la carrera ante la iniciativa popular que no se paró en barras ante lo que se llamaba la legalidad vigente.

En marzo de 1976 había en España cerca de seiscientos presos políticos, nacionalistas vascos en su mayoría. Grandes campañas y nutridas manifestaciones los fueron arrancando de las cárceles con distintas coartadas jurídicas. Multitudinarios recibimientos premiaron la lucha patriótica de los miembros de ETA, contribuyendo a crear un clima emocional de gratitud y heroísmo en torno a ellos. *Nuestros* presos serían a partir de entonces sólo los que el activismo etarra reclutara para las nuevas cárceles de la España democrática. La amnistía, a plazos y arrancada, puso sobre el tapete el problema de la presencia en el País Vasco de las fuerzas de orden público. Si los gobiernos constitucionales de la monarquia liberal y la República se vieron obligados a echar mano periódicamente del ejército para mantener el orden público, Franco no recurrió a tal extremo. Le bastó con la policía y la guardia civil. Pero los hábitos adquiridos por ambos cuerpos en los años de la dictadura pusieron en aprietos la normalización democrática en el País Vasco. Tanto que la petición de una policía autónoma fue una de las reivindicaciones más popularizadas.

En enero de 1977, una rebelión de alcaldes vascos protesta airadamente por la demora en la legalización de la *ikurriña*, que ya para entonces había servido a ETA de ocasión para matar con bomba a distintos guardias civiles encargados de quitarla. La bandera del PNV, el gran símbolo de Euskadi, poco más tarde por orden gubernativa pasa a ser representación de todos los vascos. El nacionalismo empieza a ganar sus grandes batallas, las que, luego con el respaldo de las urnas, le convertirían en el patrono de la comunidad autónoma.

Una mayoría de las organizaciones políticas y sociales del País Vasco hacen suya la solución autonómica e incluso partidos que luego iban a ser menos periféricos, como el PC o el PSOE, participan en la oleada vasquista, configurando estructuras organizativas independientes en su funcionamiento de los aparatos centrales. Usan además cosméticos del nacionalismo vasco y hacen el ridiculo siempre con su maquillaje. Los socalistas se apuntaron varios años a la convocatoria del *Aberri-Eguna* o día de la patria vasca, hasta que lo raquítico de sus filas, en celebración tan peregrina para ellos, les obligó a renunciar.

Como en todos los cambios de régimen, legiones de oportunistas, pillos o simplemente pusilánimes, haciendo protestas de democracia, corrieron a a las oficinas de afiliación política para buscar una convalidación de antifranquismo. El PNV, el partido ganador, se llevó un buen lote de profesionales y empresarios que se habían beneficiado de la paz *laboral* y del autoritarismo del régimen anterior. Y hubo muchos pícaros que se dieron prisa en comprar una *ikurriña*, echando pestes del dictador, no mucho antes su caudillo. El tirón vasquista era tan grande y el miedo a ETA tan profundo que pronto desaparecieron de la calle emblemas, liturgias y emociones que recordaran los años del nacionalismo de España.

El *españolismo*, asimilado manipuladoramente a la política opresora del franquismo, es el gran castigado de la nueva situación. Miles de conversos al nacionalismo vasco tratan de borrar sus antiguas lealtades a golpe de intolerancia y exclusivismo. En una gran ceremonia de la confusión, la religión nacionalista cambia de dioses y los antiguos son desposeídos de sus altares. Comienza la carrera por ser más vasco que nadie, en la que lo grotesco, lo insólito y lo oportunista alcanzan con comodidad difíciles plusmarcas.

Una Constitución extranjera

Después de más de cuarenta años de ayuno electoral obligatorio, los españoles eligieron, el 15 de junio de 1977, a sus representantes en las Cortes. Las fuerzas nacionalistas obtuvieron el 39,3% de los votos, pero en las siguientes elecciones fueron comiendo terreno a los partidos de ámbito estatal hasta consumar en la década de los ochenta su rotunda hegemonía. Sin embargo, el impulso nacionalista se manifestó tan poderosamente desde el arranque de la transición que obligó a los políticos a plantearse como tarea fundamental la reforma administrativa y territorial de España.

Las opciones nacionalistas habrían de ser determinantes en la negociación constitucional, cuyas bases autonómicas casi fueron señaladas sobre la marcha y bajo la presión y la algarabía del radicalismo vasquista y de la violencia etarra. Estas condiciones convertían al País Vasco en una de las piezas claves en la transformación territorial del Estado.

El PNV, que había celebrado en 1977 su primer congreso de la transición en Pamplona, planteó un alto techo constitucional con el que no transigieron ni los centristas ni los socialistas. En el proceso de elaboración de la Constitución, los peneuvistas mostraron algunas vacilaciones relacionadas con la formulación clásica del principio de autodeterminación hasta decidirse por su no incorporación. Tenían otros caminos para afirmar la soberanía vasca y eligieron la vía foral, entendida ésta como restauración del autogobierno al que, según Sabino Arana, la historia les confería el derecho. Mientras el PNV discutía de soberanía, ETA hacía el trabajo sucio, llegándose a pensar que sólo un acercamiento a las posturas nacionalistas la detendría.

La Constitución de 1978, a pesar de ser la primera que reconocía las reivindicaciones históricas vascas y derogaba la legislación antiforal, no colmaba las aspiraciones peneuvistas. Estas deseaban el reconocimiento histórico de sus derechos pero también la reintegración y actualización de los mismos. La solución constitucional en cambio excluía *sensu* contrario cualquier posibilidad independentista y dejaba la cuestión de Navarra pendiente de un proceso difuso y controvertido. Como compensación, la disposición transitoria segunda de la Constitución facilitaba el acceso a la autonomía de los territorios que en el pasado lo habían plebiscitado.

No fue suficiente la compensación y el PNV pidió la abstención en una bien organizada campaña. La afirmación constitucional de la indivisibilidad de la soberanía española, que trató de ser esquivada por los peneuvistas con una cláusula de reserva foral, fue la que determinó la postura abstencionista de los hijos de Arana. Preferían seguir jugando a no ser constitucionalmente españoles como sus antepasados los carlistas y a convencerse, lo mismo que sus huestes del *Aberri Eguna* de ese 1978, que *nuestros Fueros son nuestra Constitución*. En los nacionalismos, los símbolos tienen más importancia que las realidades y el del rechazo constitucional no debía ser desperdiciado. La Constitución fue aprobada por menos del 50% del censo en Vizcaya y Guipúzcoa, aunque sería aceptada en Alava y Navarra, y este resultado serviría para que los partidos nacionalistas señalaran sus distancias con los *sucursalistas* que habían propugnado el voto afirmativo.

Un callejón con salida

Como en otro período de restauración liberal y democrática, primavera de 1931, el País Vasco pensó más en su Estatuto que en la Constitución. También el pueblo, esto es, la gente, incorporó con facilidad a su pobre vocabulario político palabras como autogobierno, que poco antes hubieran sonado a pedantería universitaria. No obstante haberse abstenido en el referéndum constitucional, el PNV aceptó por estrategia la Constitución, de la que iba a surgir el soñado Estatuto de Autonomía. Para encubrir esta paradoja los nacionalistas no recuerdan la filiación constitucional del texto estatutario, sino que le otorgan un pretendido carácter de *Estatuto pactado, de pueblo a pueblo*, con cesión mutua de soberanías.

El Estatuto se llamó de Guernica por haber sido esta villa la sede de la reunión, en que un consenso mayoritario lo había aprobado. Se unieron en la aceptación PNV, PSOE, UCD, PC, AP, EE... y lo rechazó la coalición *Herri Batasuna,* que había sido constituida en 1978 fruto de la convergencia de pequeños partidos nacionalistas de izquierda y con el apoyo de la rama más radical de ETA. Los dos aspectos más destacados del entramado político que rodeó al Estatuto fueron el sostenimiento de la contradicción de elaborarlo con el marco constitucional recién rechazado, y los intentos fallidos de HB de lograr su reprobación y sustitución por un proyecto propio con la afirmación expresa de la soberanía originaria vasca y la unidad indisoluble de los cuatro territorios del País Vasco.

Tras la publicación del proyecto en el boletín de las Cortes, el 12 de junio de 1979, se manifestaría la oposición del gobierno y su partido UCD, en tanto desbordaba y contradecía la Constitución, a pesar de la aceptación de sus parlamentarios vascos del texto inicial. Los motivos de desacuerdo de los centristas afectaban a 43 de los 46 artículos del proyecto. La tensión entre aquéllos y los nacionalistas pudo llevar al Estatuto a un callejón sin salida pero lo evitó el presidente del gobierno, Adolfo Suárez, negociando el texto con Carlos Garaicoechea, presidente del Consejo General Vasco y del PNV. Los resultados electorales de marzo —hegemonía del PNV, ascenso inquietante de *Herri Batasuna,* deterioro del PSOE— y las metralletas de ETA aportaban la evidencia de que sin el PNV era imposible una solución poolítica para el País Vasco, y sin ésta todas las medidas policiales estaban condenadas al fracaso.

El acuerdo político alcanzado significó, en general, un acoplamiento más riguroso del Estatuto a la Constitución, mediante referencias explícitas a ésta o a través de la clarificación de los conceptos más vidriosos. De esta forma, la *realidad nacional* se convirtió definitivamente en *nacionalidad* en el artículo 1.°, que también afirma que el Pueblo Vasco o *Euskal-Herría* se constituye en comunidad autónoma *dentro del Estado Español*. Los grandes contenciosos quedaron resueltos: la posible integración de Navarra en Euskadi, las competencias sobre orden público y enseñanza, la Hacienda autónoma estructurada por medio de los Conciertos Económicos.

A Suárez se le echaría en cara el no haber aprovechado la ocasión para contener el nacionalismo vasco, supeditando el compromiso estatutario a la aceptación pública por parte de los peneuvistas de la unidad de España y de la Constitución, así como a la declaración de su firme propósito de colaborar con el gobierno de la nación en la lucha contra el terrorismo de ETA. El diputado nacionalista Arzallus contento con el texto logrado declararía que *el Estatuto abre una nueva vía de concepción del Estado, a través del pacto y no de la violencia y sin lesión de los intereses de los demás*.

Fue uno de los momentos de mayor euforia de la transición, que enseguida ETA se encargó de aguar, señalando que *continuaría la lucha armada ofensiva contra todos los soportes del Estado Español en Euskadi*. El PNV podía sentirse satisfecho con los niveles de autogobierno garantizados por el Estatuto: jamás texto legal alguno había ido tan lejos en el reconocimiento de los derechos individuales y colectivos de la comunidad vasca.

La campaña, que siguió para la aprobación en referéndum del Estatuto ya consensuado en Madrid, sirvió al PNV para dejar bien claro que, a pesar de la estrategia ucedista, el gran soporte emocional del texto lo constituían sus militantes y adeptos, y que sólo el nacionalismo vasco estaba verdaderamente comprometido con la autonomía. El mundo de la cultura, las artes o la religión se sumó a la campaña por medio de destacados representantes. La ambientación trató de estar a la altura del momento histórico y los medios puestos en juego fueron decisivos para llevar a todos los rincones la importancia de lo que se jugaban los vascos en aquella votación del 25 de octubre de 1979. La abstención fue propugnada entonces por *Herri Batasuna,* que utilizó muchos de los argumentos empleados por los peneuvistas contra el referéndum constitucional.

A pesar del esfuerzo desplegado, el Estatuto de Autonomía sólo pudo contar con el 54 % de los votos del cuerpo electoral, manifestando una vez más la división de los vascos, respecto de la reivindicación central del nacionalismo y la evidencia de que una importante parcela de la sociedad estaba en otra onda nada coincidente con la moderación y reforma que suponían el texto y su articulado.

El cajón de sastre

Esta notoria disfunción estaba siendo capitalizada por una coalición desde los últimos meses de 1978. La trayectoria de *Herri Batasuna* en el ámbito electoral iba a tener resultados imprevistos al servir de cauce a esta diferenciación política del nacionalismo. La primera confrontación electoral a la que acudiría le proporcionaba ya 150.000 votos y cuatro escaños parlamentarios nunca ocupados.

Entre esa fecha y la actualidad, HB ha polarizado su actividad política en torno al rechazo de la legalidad estatutaria, la solidaridad con los presos etarras, la lucha por el euskera o los intentos de cobertura de las acciones de ETA. Como prolongación de ésta, ha abanderado las frustraciones que la implantación del sistema parlamentario estaba ocasionando en la generación de antiguos nacionalistas radicales. Pero además ha sido el punto de apoyo electoral y movilizador de trabajadores y parados que rechazaban el reformismo sindicalista de UGT o CCOO, de jóvenes a los que el sistema no ofrecía aliciente alguno, de elementos anarquistas dispersos, de militantes ecologistas y de sectores antipoliciales, simpatizantes de la lucha radical. La valoración revolucionaria de lo marginal ha hecho de los *batasuneros* los grandes defensores de todas las causas perdidas y todos los motivos de rebelión.

Pese a su independentismo radical, *Herri Batasuna* ha sido también refugio de algunas capas de la inmigración. Castellanos, gallegos, andaluces y extremeños han buscado en la coalición nacionalista el remedio a los conflictos generados por la marginación y el desarraigo. Cuanto más xenófobo y agresivo resulte el nacionalismo receptor de emigración —sugiere Andrés de Blas— más suelen ser los casos de frenéticos y fanáticos intentos de arraigo mediante la apropiación de las más extremosas proposiciones de esa ideología nacionalista. Ahí tiene que estar una de las claves de la militancia patriótica de tantos emigrantes, que para hacerse perdonar, obsequian al vasquista radical con su voto y su cambio de identidad.

La trayectoria política de HB mantuvo una incidencia electoral importante hasta las elecciones autonómicas de mayo de 1983, en que perdería una cuarta parte de los votos obtenidos en las generales de 1979. En su clientela electoral se mantuvieron, sin embargo, con fidelidad los sectores más jóvenes, de extracción baja o media y con menor cualificación personal. Otros segmentos de clase media alta o pequeño burguesa, votante circunstancial de HB, oscilaban de una convocatoria a otra ocasionando bandazos en las urnas, como el de 1983. Desde 1985, las escisiones en el PNV y la agitación en torno al referéndum anti-OTAN han servido para que la coalición recupere el número de sus votantes, que se mantiene con una pequeña tendencia a la baja.

Los resultados electorales de HB siempre han sido interpretados como un apoyo más o menos explícito a ETA y a sus acciones violentas. Incluso este hecho ha sido señalado como prueba de que los vascos son uno de los grupos más radicalizados del mundo. Por otra parte, la opción armada dentro del bloque HB era interpretada sin discusión como *la expresión más alta de la lucha de clases*. Durante mucho tiempo parecía impensable la interferencia entre ambas alternativas o entre la utilización del recurso a la fuerza y el mantenimiento coherente de un brazo político. Sin embargo, el alargamiento del proceso, la repetición de los techos electorales y la aparición de una seria posibilidad de negociación con el gobierno sobre el cese del terrorismo introducen desde 1987 nuevos elementos en la relación ETA-HB.

A raíz del atentado de *Hipercor* en Barcelona con 21 muertos, uno de los más sanguinarios cometidos por ETA, comenzaron a oírse críticas dentro del movimiento batasuno. El número de muertos civiles, difícil de justificar desde una imputación revolucionaria o selectiva de riesgos, produjo disensiones importantes con declaraciones reprobatorias de algunos dirigentes de la coalición. La intervención de un representante de ETA en uno de los partidos coaligados impuso un relevo en la dirección, que dejó fuera a los críticos de la acción barcelonesa y más tarde decidió su expulsión.

La negociación violenta

Quiérase o no, es la organización terrorista ETA la gran protagonista negra de la crónica más reciente del País Vasco. A su repique de muerte y extorsión, tanto la sociedad civil como la política, la religión, la cultura y la empresa han tenido que bailar. Para algunos sectores de la sociedad vasca han sido estos años fechas de verdadera angustia y dramatismo, en las que a menudo sintieron la sensación de estar zozobrando en un clima de miedo, persecución y guerra. El hostigamiento intermitente y cruel de ETA, el también mortífero pero peor organizado GAL, ciertas actuaciones violentas de las FOP y las escaramuzas extremistas protagonizadas por el movimiento obrero en su lucha reivindicativa pintan los horrores de la *guerra del Norte*.

En 1978, año de aprobación de la Constitución, ETA mata a 65 personas, muchos más que durante todo el régimen de Franco; 1980 fue un año de permanente desgracia para el País Vasco, de persistente sangría humana ocasionada por el terrorismo. La UCD vasca sufre en su carne el látigo implacable de la violencia, y Alava comienza a compartir con las otras provincias hermanas la lacra terrorista. A partir de entonces, a pesar de los 96 muertos de ese año o de los 78 del año anterior, la estrella de ETA parece perder fulgor. La reforma política ha encontrado un rumbo menos vacilante, en el que se han ido integrando la casi totalidad de los partidos estatales y una mayoría de los vascos, y tras las inaugurales confrontaciones en las urnas se reitera la opción plural de la sociedad vasca, amenazando al vasquismo radical con un aislamiento grande.

Los partidos participantes en el proceso de transición esgrimen ante ETA el considerable aval de sus votos y construyen día a día entre sus seguidores el convencimiento de encontrarse en un sistema democrático, pleno de legitimidad, que permite la discrepancia y la lucha política por vías pacíficas. La respuesta de ETA ante esta situación de acorralamiento que amenazaba con hacerse irreversible fue tratar de forzar la credibilidad y los límites de la reforma, provocando cada vez con más brutalidad al aparato militar y policial del Estado, a la espera de un derecho desestabilizador de los más reaccionarios, o en su defecto que se llegara a una aceptable negociación.

El mantenimiento de la cadena de atentados y de las provocadoras manifestaciones populares en el País Vasco, a las que se unió el rechazo al Rey en Guernica por los cargos electos de HB y las reacciones por la muerte del etarra Joseba Arregui en la Dirección General de Seguridad culminarían, en efecto, en una intentona involucionista el 23 de febrero de 1981. El asalto al Congreso y la frustrada conspiración, si bien no llegarían a sustituir ni mucho menos el sistema democrático como era su intención, suscitaron actitudes autoritarias en sectores del gobierno y los partidos de ámbito estatal. El complejo de *democracia vigilada* se traduciría en seguida en un mayor recelo y reticencia ante las peticiones vascas, entorpeciendo desde entonces el proceso de transferencias estatutarias.

El nacionalismo democrático pareció encontrar motivos de disgusto e incomprensión en una situación política que no dudó en calificar de involucionista, mientras ETA recibía un balón de oxígeno que le permitía mantener vivo su desgastado discurso detractor de la democracia española. La campaña por la negociación y la defensa de los presos o militantes de ETA se convierten en objetivos prioritarios, siendo centro de atención de la mayor parte de las movilizaciones.

En los años ochenta los atentados mortales de ETA descienden de forma notoria respecto al trienio 1978-80 y se empiezan a considerar apoyos concretos para forzar la salida negociadora, quedando atrás poco a poco la contingencia de una eventual involución o la más lejana imposibilidad de *vencer al ejército*. Así y todo, las víctimas rondan la cuarentena anual entre 1981 y 1986, con abultadas masacres posteriores en Zaragoza y Barcelona, extendiendo entre los políticos vascos la conveniencia de aceptar el *mal menor* del diálogo-negociación con ETA. Mientras tanto, y desde la llegada del PSOE al gobierno, el Estado ha mantenido todas las alternativas. De un lado ha establecido contactos con ETA, muchas veces negados en público, cuando no aireados como las *conversaciones de Argel*. De otro, ha sofisticado y discriminado la acción policial, insistiendo en un círculo menos abierto de *sospechosos* y en el entorno de familiares y amigos de militantes. Y también ha encontrado una eficaz colaboración en el Estado francés, que desde 1986 viene poniendo un mayor empeño en el control, detención y extradición de los etarras, explotadores de su hospitalidad.

En su intento de ganar la partida a ETA, el gobierno ha tratado de crear fisuras en la organización mediante el ofrecimiento de la *reinserción social* a algunos de sus miembros, en determinados supuestos penales. Con esta política han podido abandonar la cárcel decenas de etarras, creando intranquilidad a su dirección, que en septiembre de 1986 asesinó a María Dolores Gonzalez, alias *Yoyes*, una antigua dirigente que se había reinsertado. El síndrome de *Yoyes* convencería a más de un etarra a rehusar la reinserción por lo que el gobierno, a partir de 1989, dispersaría progresivamente estos presos entre las distintas cárceles de España, tratando de evitar la coacción ejercida en los colectivos más amplios por los *duros* de la organización.

Una vez que ETA se afianza en la decisión de imponer violentamente las conversaciones con el gobierno, los atentados terroristas cambian de sesgo al tiempo que la macabra extorsión conocida frívolamente con el nombre de *impuesto revolucionario* hace posible abandonar otras fuentes de ingresos más complicadas y aleatorias, como los atracos a entidades bancarias. Pero no los suculentos secuestros de generosidad millonaria. Se desconoce el verdadero alcance que las exacciones económicas han tenido entre el empresariado vasco, pero viene siendo habitual referirse a ellas como principal causante de la desinversión financiera en ciertos sectores. Un caso paradigmático fue el de la central nuclear de Lemoniz, en el que tras un largo proceso de agitación, la implacable intervención de ETA acabaría con la vida de dos directivos de *Iberduero* y detendría el proyecto. Su sombra sobrevuela, en 1991, la construcción de la autovía de Leizarán, que unirá Pamplona y San Sebastián, después de la entrada de ETA en escena con bombas, ecologismo y coacciones.

Sin embargo, ahora se puede esperar una respuesta más decidida de la sociedad vasca a los chantajes de ETA. Para desarmar, precisamente, a ésta la manifestación más grande en la historia del País Vasco había pedido la paz en Bilbao, el 18 de marzo de 1989, después de un llamamiento unánime de todas las fuerzas políticas, con la inevitable excepción de Herri Batasuna. Más de 200.000 personas recorrieron en silencio el centro de Bilbao expresando su deseo de terminar con la pesadilla etarra.

Batalla entre nacionalistas

En un clima de falta de responsabilidad política general, los propios partidos sufrieron en sus carnes las discordias y zozobras de una sociedad crispada. Hasta los primeros años de la década de los ochenta resultaba inimaginable una hipotética división en un partido como el PNV, de boyante trayectoria y ventajosos resultados electorales, que representaba en Euskadi las mejores esencias de la reforma española y las hacía compatibles con una difícil reivindicación nacional.

El PNV se miraba complacido en el espejo del Estatuto, al que consideraba en exclusiva hijo suyo. Nada podía impedir que se sintiera eufórico: la autonomía hacendística con el Concierto rehabilitado, la dignidad social alcanzada del euskera, el orden público pronto convertido en símbolo rojo y azul del uniforme de la *Ertzantza* y la seguridad de un marco constitucional que, aunque paradójicamente rechazado, era bendecido por su carácter reformista y virtualmente burgués. Había encontrado también un líder en Carlos Garaicoechea, cuyo carisma político, mezcla de planta, juventud y habilidad negociadora, llevó al partido de victoria en victoria. Y algo más, al paso del tiempo, y no por sus méritos sino por los dislates sangrientos de los otros nacionalistas, el PNV se convertía en una especie de vestal intocable que se creía tenía el talismán de la pacificación de Euskadi, y a la que por ello había que adular y obsequiar. Su único duelo estaba en su insignificante presencia en Navarra, donde el nacionalismo vasco, siempre minoritario, cabalgaba a hombros de Herri Batasuna.

Pues bien, este partido, disciplinado como pocos, tras una larga y honda crisis, reverdecería sus históricas disidencias. El origen político del conflicto se localiza en el verano de 1981, cuando el proyecto de *Ley de Territorios Históricos* fue presentado en el parlamento de Vitoria para su discusión. Se perfilaron dos bloques antagónicos, cuyas actitudes más enconadas, ante el asombro del resto de parlamentarios y de la opinión vasca, fueron sostenidas por los propios miembros del PNV. La crisis se descubría en público enfrentando a los partidarios de conferir al gobierno y a la cámara la dirección efectiva del País Vasco, en perjuicio de unas mayores competencias para las diputaciones, como era el deseo del otro bloque de peneuvistas. Las posiciones de estos últimos (también llamados *foralistas*) encontraron eco favorable en la dirección del PNV, que impuso la disciplina de voto para lograr la aprobación de un segundo proyecto corregido de la *Ley de Territorios Históricos*. La ley, que fue aprobada con los votos del PNV en solitario, confirmaba el protagonismo histórico de las diputaciones en la negociación del Concierto, negaba autonomía financiera al parlamento y creaba un *Consejo Vasco de Finanzas Públicas*, encargado de negociar las aportaciones al presupuesto general de la Comunidad.

Los debates públicos y privados, las escaramuzas parlamentarias y la aparición del enfrentamiento personal presidieron el invierno nacionalista de 1983. En diciembre, una nueva convocatoria de elecciones al parlamento vasco constituyó otro motivo de separación y grave recelo. Garaicoechea, que había gobernado con una precaria mayoría, gracias a la ausencia parlamentaria de HB, acepta la nominación para presidente con la condición de ser relevado de la obediencia política al partido. La concepción de un partido basado en personalidades y carismas que defiende Garaicoechea se opone frontalmente a los deseos del órgano máximo del PNV, el *Euzkadi Buru Batzar* (EBB), que trata de afirmar la superioridad y el control de la organización sobre los gobernantes.

A pesar de todo, el partido y la militancia cierran filas, dando pruebas de un encomiable aunque provisional sentido de la disciplina. La táctica de lavar los trapos sucios en casa permite al PNV obtener un suculento techo electoral en febrero de 1984. Más de 45.000 votos, con el 28,4% del censo, ponen muy alto el listón de las urnas vascas. Con una política de gestos muy nacionalista, Garaicoechea jura su cargo sin esperar al nombramiento del Rey. Pero la descomposición no se detiene y Garaicoechea se enfrenta abiertamente al EBB, acusándole de interferir la labor del gobierno y no respetar su independencia política, pactada en el periodo preelectoral. Los acontecimientos posteriores reflejan un radical enfrentamiento de posturas, con tumultos y altercados en los prolegómenos de la Asamblea del partido. La ruptura se refleja en la propia Asamblea, en la que los representantes guipuzcoanos apoyan al *Lendakari* Garaicoechea, frente a los vizcaínos y alaveses que están con el EBB. Las posiciones de no-retorno se resolverían el 19 de diciembre de 1984 con la dimisión de Garaicoechea. A continuación la Asamblea designa un candidato más gris y más cómodo, y que aceptaba la disciplina del partido, José Antonio Ardanza.

El nuevo presidente del gobierno vasco firmaría un pacto de legislatura con el PSOE, ya diseñado por el equipo anterior, que al menos serviría para agilizar la concesión de transferencias autonómicas bloqueadas desde 1982 y para preparar las elecciones generales de junio de 1986, que constituyeron el primer punto de inflexión serio en el aplastante dominio electoral del PNV. En esta convocatoria resuelta en medio de la crisis, la caída peneuvista en las urnas fue histórica, El partido nacionalista perdía casi 150.000 votos y 15 puntos de su porcentaje del resultado anterior. Surgen las acusaciones y la imputación de responsabilidades al sector de Garaicoechea, que se empieza a denominar *crítico* frente al *oficial*, cuyo líder es Xabier Arzallus.

La definitiva ruptura llega después de la sanción del tribunal del partido a la junta municipal de Vitoria, alineada con el sector *crítico*. Es la ocasión para que trescientos militantes alaveses se autodeclaren excluídos del partido. A esta autoexclusión se adhieren los navarros, expulsados en 1984 por haberse negado a votar un candidato de Alianza Popular en su parlamento, como había dispuesto la dirección del PNV. El manifiesto de los alaveses incluía la propuesta y las bases para la formación de un nuevo partido nacionalista. Los militantes guipuzcoanos se suman a la escisión y Garaicoechea se une al proyecto, situándose a la cabeza de la nueva organización que adoptaría el nombre de *Euz-*

ko-Alkartasuna-Solidaridad Vasca (EA). El nuevo partido aspira a recuperar los principios del nacionalismo, mediante la puesta al día del legado sabiniano, reivindicando el Estatuto como medio para alcanzar la autodeterminación.

Fue entonces cuando muchos vascos se enterararon de que los recelos y malquerencias de Garaicoechea y Arzalluz venían de antiguo. No sólo eran las tesis provincialistas de raigambre foral defendidas por Arzalluz las que le enfrentaban a Garaicoechea, abanderado de un *jacobinismo vasco.* Al dimitido *Lendakari* le gustaba proclamarse socialdemócrata y manifestar su tolerancia en asuntos como el aborto, mientras que el jefe del partido presumía de demócratacristiano y era menos indulgente. Tampoco bendecía éste la política de enfrentamientos continuos de Garaicoechea con *Madrid*, juzgando que no era el mejor clima para conseguir las trasferencias. El hostigamiento, la frustración fingida y el populismo victimista daban mejor resultado en su utilización con las clientelas del nacionalismo.

Dos partidos en uno

Mientras que los principios ideológicos diferenciadores de los militantes del PNV respecto a los de EA son difíciles de precisar, *Euzkadiko Ezkerra* (EE) representa, al menos en su programa, posiciones de izquierda, que tienen poco en común con el conservadurismo exclusivista del nacionalismo tradicional. En sus orígenes, como en tantos acontecimientos del País Vasco, está ETA, en su sector escindido *político-militar.* El antecedente más inmediato, Eduardo Moreno Bergareche, *Pertur*, defensor de la idea de construir un partido que interviniera en la lucha política y social de los obreros vascos. Su misteriosa desaparición y muerte, probablemente a manos de sus compañeros más violentos, no conseguiría detener, en el verano de 1976, el proceso de desdoblamiento de ETA (p-m) en una organización armada ilegal y en otra política legal, que daría origen al nacimiento de EIA, antecedente inmediato de *Euzkadiko Ezkerra.*

A partir del desdoblamiento, los *poli-milis* irían acomodándose mal que bien a la rápida evolución de *Euzkadiko Ezkerra.*

De tal modo que mientras los milis tras la muerte de *Argala* —en fecha y con procedimientos que recordaban necesariamente el atentado de Carrero— abandonaban todo intento de teorización, los *poli-milis* se entregaban a la complicada tarea de inventar argumentos que hicieran compatibles sus matanzas y extorsiones con la defensa del Estatuto de Autonomía y las instituciones democráticas vascas. De ahí que el maridaje ETA (p-m)-*Euzkadiko Ezkerra* se fuera enfriando hasta llegar a un manifiesto alejamiento, tras la brutal campaña etarra contra UCD, otoño de 1980, rematada con la muerte del profesor universitario y dirigente centrista, Juan de Dios Doval, que provocaría verdadera indignación popular, ostensible en distintas manifestaciones. Es el momento en que Mario Onaindia, líder de *Euzkadiko Ezkerra,* hace una llamada sin respuesta pidiendo a las dos ramas de ETA un alto el fuego.

La intentona golpista del 23-F sirvió para que ETA (p-m) anunciara una tregua indefinida e invitara a ETA militar a cesar en sus acciones violentas, dejando a las fuerzas políticas la resolución de los problemas que la lucha armada no hacía sino agravar. Tal sugerencia no tuvo efecto alguno entre los *milis,* que en seguida se embarcaban en una nueva oleada de violencia. La principal renovación de *Euzkadiko Ezkerra* vino de la mano de un importante sector del PC vasco que en 1981 pidió su ingreso en el partido, enriqueciéndolo con su talante pacifista y democrático. El desembarco comunista aceleró el firme posicionamiento de *Euzkadiko Ezkerra* frente a la violencia y despojó al partido de la ganga irracional de raíz nacionalista, inyectándole principios marxistas.

De todos los partidos socialistas, que surgieron por distintas regiones de España al comienzo de la transición, casi sólo queda *Euzkadiko Ezkerra.* Con una presencia parlamentaria estable pero reducida, EE ha gozado de una honorabilidad y un prestigio que no se compadecen con sus orígenes tan poco democráticos. Durante largo tiempo ha fascinado a los intelectuales vascos, que ven en la doble fidelidad nacionalista y marxista la substancia imprescindible para fundamentar una militancia respetable en Euskadi. Así mismo ningún partido ha tenido, fuera del País Vasco, tan buena prensa como *Euzkadiko Ezkerra,* cuyos líderes siempre han disfrutado de alta aceptación en toda España.

No obstante su disponibilidad para la racionalización de la vida política en el País Vasco, EE tiene que luchar con los ingredientes antagónicos que lo constituyen. Nacionalismo y socialismo se enfrentan para conseguir la última definición del partido en el congreso que, a comienzos de 1991, trata de poner orden en la casa, después del preocupante retroceso experimentado en las elecciones al parlamento vasco. La victoria pírrica de las corrientes socialistas tal vez no sirva para enderezar la caída del partido, cuya dirección anterior, en su ansia de tocar poder, había subrayado el nacionalismo de su programa.

Compañeros de autodeterminación

Con el fondo sombrío de una violencia implacable que corre el riesgo de convertirse en una subcultura política, el País Vasco ha visto desplegarse el ritual del nacionalismo, su política de gestos y palabras y su caminar hacia lo que a comienzos de siglo parecía un delirio: la afirmación de la nación vasca. No es que la idea haya conseguido unanimidad, ni la sociedad vasca acuerdo, pero la naturalidad con que tal supuesto se mueve y es aceptado constituye un triunfo aplastante del nacionalismo vasco.

En medio de una sociedad atemorizada que piensa que sus diferencias con el nacionalismo dominante sólo pueden ser desahogadas en privado, el PNV ha identificado con éxito sus discrepancias del poder central con catástrofes para el pueblo vasco. Así mismo, ciertas reivindicaciones de los hijos de Arana, todo lo legítimas y razonables que se quiera, pero por su propia naturaleza partidistas y sectarias, se han revalidado tranquilamente como aspiraciones *nacionales*. Por eso, al igual que en las mejores horas de Franco, cuando los opositores del régimen eran acusados de antiespañoles, ahora los detractores del nacionalismo *euskaldún* son tachados de antivascos.

La política se hace con palabras y una vez que éstas se pronuncian o imprimen convierten al hombre en objeto de la política y le hacen sufrir sus vicisitudes. Acontece que en este terreno el nacionalismo ha ganado numerosas batallas y que su vocabulario nada inocente le da ya muchos largos de ventaja. Si bien es verdad que todo ha sido motivo de enfrentamiento y polémica, desde la bandera o el himno hasta el idioma o la definición de los límites geográficos de la comunidad vasca, no lo es menos que el nacionalismo ha colado su léxico, su particularismo y su gesticulación.

Como buen nacionalista, Carlos Garaicoechea nunca descuidó el gesto, sabedor que también éste vale más que mil palabras. Ninguna autoridad autónoma salió a recibir a la Reina de España, cuando llegó al País Vasco en viaje humanitario a raíz de una catástrofe en una escuela. El Presidente Suárez también sufrió su dosis de desaire en su visita oficial al País Vasco; por no hablar de los *trágalas* que aguantan los delegados del gobierno central en el desempeño de su función. La negativa a utilizar las formalidades legales en la investidura del *Lendakari* pertenece así mismo al vademécum de liturgias y gestos que con tanto ahínco y destreza manejan los nacionalistas.

Más que un símbolo y rozando la deslealtad constitucional, el derecho de autodeterminación, gracias al maridaje de las fuerzas nacionalistas, triunfaba en el parlamento vasco, el 16 de febrero de 1990. Como tantas otras veces rompió el fuego *Herri Batasuna* en un intento de capitalizar la marejada popular provocada por el desplome comunista de la Europa del Este y las noticias que se recibían de la radicalización de los nacionalismos soviéticos. Ya el 17 de diciembre de 1989 congrega en Bilbao una muchedumbre con lemas de autodeterminación y negociación con ETA. El PNV, socio del PSOE en el gobierno, se mueve con cautela y aconseja a los suyos prudencia a la hora de secundar las movilizaciones. Pero aun a riesgo de enfrentarse con los socialistas de su gabinete, sigue adelante hasta llegar a un acuerdo con EE y EA, que más resolutivos habían manifestado sin ambages su deseo de autodeterminación. Al aprobar este derecho, el parlamento vasco se convierte en la primera asamblea regional de un país de la Comunidad Europea que adopta tal decisión.

Aunque la entidad jurídica de la proposición no permita su puesta en práctica, la votación ganadora de los nacionalistas sirve para afirmar testimonialmente la soberanía del País Vasco y ganar un pulso a *Madrid*. Luego vendrían los galimatías explicatorios del alcance real de la aprobación y el gastado recurso a ETA para justificar la pirueta. Se trataba, una vez más, en boca del PNV, de arrebatar a la organización terrorista su principal bandera y de confirmar que toda reivindicación podía ser pacíficamente planteada sin necesidad de las armas. Ya puestos a dar razones de su vocación independentista recordaron que el acatamiento del actual marco político no suponía que el partido de Arana aprobara el contenido de la Constitución.

Los tres socios de la autodeterminación se encuentran, a partir del primero de febrero de 1991, en el mismo gobierno. La fórmula de concentración nacionalista, defendida durante la campaña electoral del parlamento vasco por Garaicoechea, ha cerrado el paréntesis de tres meses, en los que el ganador Ardanza fue incapaz de articular un pacto con sus anteriores asociados del partido socialista. Un gobierno tricolor y bicrucífero, surgido del triunfo electoral del PNV y del menoscabo de EE y EA, y que representa al 47% de los votos vascos, abre una nueva etapa para el nacionalismo que de continuo tendrá la tentación de conseguir nuevos objetivos de soberanía, forzando los límites del Estatuto de Guernica.

BIBLIOGRAFIA

Para situarse en los primeros momentos de la transición en el País Vasco es preciso consultar los trabajos de NÚÑEZ, Luis, *La sociedad vasca actual,* Editorial Txertoa, San Sebastián, 1977, y del mismo autor, *Clases sociales en Euskadi,* Editorial Txertoa, San Sebastián, 1977, y *Euskadi sur electoral,* Ediciones Vasca, San Sebastián, 1980. LLERA RAMO, Francisco José, *Posfranquismo y fuerzas políticas en Euskadi,* Servicio Editorial de la Universidad del País Vasco, Bilbao, 1982. JIMÉNEZ DE ABERASTURI, Juan Carlos y ORTZI, *Organizaciones, sindicatos y partidos políticos ante la transición,* Editorial de la Sociedad de Estudios Vascos, San Sebastián, 1989.

Sobre las fuerzas políticas que vieron la luz aquellos días, véase ALONSO ZALDÍVAR, Carlos, *Notas sobre el Partido Comunista de Euskadi,* Luis Haramburu, editor, San Sebastián, 1977. VV. AA., *Eurocomunismo y Euskadi,* Haramburu Editor, San Sebastián, 1977. ESTORNES ZUBIZARRETA, Idoia, *Qué son los partidos abertzales,* Ediciones Itxaropena, San Sebastián, 1977. PÉREZ CALVO, Alberto, *Los partidos políticos en el País Vasco,* Luis Haramburu Editor, y Turner Ediciones, Bilbao, 1977. IBARZÁBAL, Eugenio, *Euskadi, diálogos en torno a las elecciones,* Editorial Erein, San Sebastián, 1977. PASTOR, Robert, *Euskadi ante el futuro,* Editorial Haramburu, Bilbao, 1977. ORTZI, *El no vasco a la reforma,* Editorial Txertoa, San Sebastián, 1979.

Acerca del proceso autonómico vasco véase: VV. AA., *Euskadi y el estatuto de autonomía,* Editorial Erein, San Sebastián, 1979. TAMAYO SALABERRÍA, Virginia y Carlos, *Fuentes documentales y normativas del Estatuto de Guernica,* Publicaciones de la Diputación Foral de Alava, Vitoria, 1981. VV. AA., *La España de las autonomías,* dirigido por J. P. Fusi, Editorial Espasa-Calpe, Madrid, 1981. OSSA ECHABURU, Rafael, *Euskadi-80,* Editorial Espasa-Calpe, Madrid, 1982. SOLÉ TURA, J., *Nacionalidades y nacionalismos en España,* Alianza Editorial, Madrid, 1985. ESCUDERO Manuel, «El socialismo vasco y el desarrollo del estado de las autonomías», en *Revista Cuadernos de Alzate,* n.º 1, invierno, 1984-1985. PÉREZ CASTRO, Alberto, «Coordinación y cooperación en el estado de las autonomías», en *Revista Cuadernos de Alzate,* n.º 2, primavera de 1985. LLERA, Francisco J., «Euskadi '86, la encrucijada de la transición», en *Revista Cuadernos de Alzate,* n.º 4, 1986/2. SILVER, P., *Nacionalismos y transición,* Editorial Txertoa, San Sebastián, 1988. SOLOZÁBAL ECHEVARRÍA, Juan José, «La inserción del País Vasco en el sistema constitucional español», en *Revista Cuadernos de Alzate,* n.º 11, enero-abril 1989.

Sobre las actividades políticas de los partidos nacionalistas resulta interesante la consulta de PÉREZ-AGOTE, A., *El nacionalismo vasco a la salida del franquismo,* CIS, y Siglo XXI, Madrid, 1987. VV. AA., *Euskadi, 1979-1989,* Ediciones de la Fundación Sabino Arana, Bilbao, 1989. VV. AA., *Abertzales y vascos,* Editorial Akal Universitaria, Madrid, 1982. ARZALLUZ, Xabier, *Intervenciones parlamentarias, artículos y entrevistas,* Editorial Idatz Ekintza, Bilbao, 1984; del mismo autor, *Entre el Estado y la libertad,* Editorial Iparraguirre, Bilbao, 1986. ARDANZA, José Antonio, *Discursos,* Servicio Central de Publicaciones del Gobierno Vasco, Vitoria, 1986. VV. AA., *La organización del Partido Nacionalista Vasco,* Ediciones Alderdi, Bilbao, 1985. GONZÁLEZ ORUS, Ricardo, «La economía vasca durante los gobiernos del PNV», en *Revista Cuadernos de Alzate,* n.º 4, 1986/2. GUIMÓN UGARTECHEA, *El derecho de autodeterminación y su invocación en la política vasca* (tesis doctoral inédita), Universidad de Deusto, Bilbao, 1987. BERGARA, Josu, *Política vasca en Madrid,* Ediciones del Partido Nacionalista Vasco, Bilbao, 1988. REKALDE, José Ramón, «En tiempos de pacto», en *Revista Cuadernos de Alzate,* n.º 6, abril-septiembre 1987. A IZPEOLA RODRÍGUEZ, L., «El cese de Garaikoetxea», en *Revista Cuadernos de Alzate,* n.º 1, invierno, 1984-1985. MUÑOZ CASTRO, Yolanda, «La crisis del PNV, historia de una escisión», en *Revista Cuadernos de Alzate,* n.º 6, abril-septiembre 1987. CUEVA, Justo de la, *La escisión del PNV,* Editorial Txalaparta, Bilbao, 1988.

De la violencia política producida en este período dan buena cuenta GUINDAL, Mariano y GIMÉNEZ, Juan H., en *El libro negro de Vitoria,* Ediciones 99, Madrid, 1976. VV. AA., *Euskadi en guerra,* Ed. Ekin, Bayona, 1987. VV. AA.,

Yoyes desde su ventana, Editorial Txalaparta, Pamplona, 1987. VV. AA., *La trama del GAL,* Editorial Revolución, Madrid, 1988. GARCÍA, Javier, *Los GAL al descubierto,* Ediciones El País-Aguilar, Madrid, 1988. MIRALLES, Melchor y ARQUES, Ricardo, *Amedo, el Estado contra ETA,* Editorial Plaza y Janés y Cambio 16, Barcelona, 1989. Si se desea conocer las actividades terroristas de ETA entre 1975 y 1990, acúdase a la bibliografía que sobre el particular se cita en el capítulo anterior.

Capítulo IX

EL MALESTAR DE LA CULTURA

LA intriga que ha recorrido la realidad pública en el País Vasco desde el período de la transición democrática no ha sido otra que la disputa sobre la identidad de lo vasco. De una u otra forma el debate sobre la *ontología euskaldún* y el apremiante llamamiento a la necesaria epifanía del *ser vasco,* siguiendo solapadamente las pautas nacionalistas, ha sido un fenómeno casi neurótico que ha esterilizado para la reflexión política y para el ejercicio de una autocrítica *ad intra*. El fenómeno no es nuevo y durante los años cuarenta España entera vivió el agobio de otro voluntarismo nacionalista. Los buenos españoles tenían que españolear para distinguirse de los malos, los de la anti-España, vencidos en la guerra. Hoy como ayer, cuando el nacionalismo anda por medio, hay que demostrar que se quiere ser vasco. Con la ventaja para los que tienen estas preocupaciones de identidad que *la voluntad de ser vasco* aparece en el sentir estadístico como la única condición para serlo de verdad. Ahí está la raíz de tanto gesto y tanto testimonialismo que sofocan la vida social en el País Vasco.

Más que en ninguna otra región de España, la política ha tratado en el País Vasco de engullirse a la sociedad civil, y ésta ha tenido que soportar tanta mediación ramplona de los partidos que en ocasiones le fue imposible digerir las embestidas de sus maquiavelismos y de sus maquinaciones domésticas. Porque además esta política se ha movido con demasiada frecuencia entre anécdotas, gritos, *historietas,* pintadas y sangre. Pero por mucho que el escepticismo y la abstención amenacen el modelo democrático, aunque el poder del pueblo sea solo una mueca de la realidad dictada por un partido, la sociedad civil sigue sin sacudirse el yugo de la política y no acaba de poner a los políticos en su sitio.

Demasiado marcada por el combate político, la vida cultural en el País Vasco refleja la misma tensión en la que se mueve el nacionalismo dominante. Suele repetirse que la historia la hacen los vencedores, y algo de esto ocurre en el País Vasco. En algún libro reciente se lee que cuando los castellanos (¡y tambien guipuzcoanos y alaveses!) invadieron Navarra en 1512 se encontraron con muchedumbres que gritaban *Gora Euzkadi*. Podría ser ésta una anécdota graciosa si no retratara una cierta anacrónica querencia a transportar muy lejos el sentimiento nacionalista. El mismo que confundió al *Lendakari* Ardanza cuando al término de la celebración religiosa inauguratoria del V centenario de San Ignacio dijo de este que era *uno de los grandes vascos singulares del siglo XV que llevaron el nombre de Euzkadi a muchos lugares del mundo*.

La mitología, en verdad, ha tratado de desplazar a la ciencia contando con la subvención y aplauso del poder, pero no ha podido rematar del todo su labor. En ocasiones se ha tenido que contentar con el cambio de nombre de calles —y no es pequeña la ideologización callejera—; de esta forma el gran símbolo liberal de la historia de Bilbao, el general Espartero, desaparecía ante los nuevos tiempos nacionalistas, dando paso al luchador Juan Ajuriaguerra.

Como cualquier nacionalismo pasado o presente, el vasco trata de desarrollar un *nacionalismo cultural* apoyándose en lemas huecos y manidos que urgen a *desarrollar nuestra propia cultura*. Esta muletilla, con la que se terminan o empiezan muchos discursos, suele resultar seductora precisamente por el tufillo patriótico que destila, pero encierra una grave contradicción. Las nociones de *lo propio y lo ajeno* son absurdas en el ámbito cultural, por lo menos cuando la humanidad avanza hacia el siglo XXI. Ninguna cultura se ha gestado, desenvuelto y llegado a la plenitud sin alimentarse de otras y sin, a su vez, nutrir a las demás en un flujo continuo de préstamos y donativos, influencias recíprocas y mestizajes en el que sería dificilísimo averiguar qué es lo *propio* de cada cual. Por otro lado, las pequeñas regiones que reclaman su cultura pueden caer con facilidad en el zafio localismo que reviste de esplendor faraónico los entecos sucesos que tienen lugar junto al frontón o a la puerta de la taberna. La autarquía intelectual, como la económica, termina engolfándose cayendo en la pereza de las aduanas cerradas y el mercado fácil.

No es éste sin embargo el criterio imperante en el País Vasco, donde la ideología política ha encajado sin rubor las viejas tesis del nacionalismo cultural. Por ello la Universidad de Deusto, en sus estatutos remozados con la transición democrática, señala como uno de sus principales fines *atender a la promoción de la cultura propia del País Vasco*. En la misma línea nada original, la Universidad del País Vasco también reclamaba como función suya el fomento de *la cultura y la lengua vascas*.

A pesar de estas tomas de postura, la reivindicación cultural aparece ahora más clarificada que antes, connotada con sinónimos tales como toma de conciencia avanzada, contraste de ideas, integración de comunicación social y supresión de particularismos. Frente a la triste situación del régimen anterior, en la que lo cultural era izado para justificar toda una gama de actos que iban de lo estrambótico a lo extravagante, el concepto en manos del nacionalismo vasco no ha sido aún recuperado para la lucidez y el bienestar intelectuales. Culpables de este desaguisado son también la ignorancia y la demagogia, el oportunismo de los partidos y el miedo a los violentos del nacionalismo. Porque también en este terreno la dialéctica de los puños y las pistolas jugaba a favor de la propagación del modelo cultural nacionalista.

La desazón del idioma

Desde la constitución de la autonomía en 1980 con las siglas del PNV, la práctica del nacionalismo fue el principal elemento en la planificación cultural del País Vasco. El sustento de este nacionalismo-cultura es, y de forma agobiante, el euskera, repleto más que ningún otro factor de honda significación nacional. Pero si en el franquismo esta lengua tuvo un valor político de afirmación democrática y resistente ahora, pasados los tiempos de persecución lingüística, se manifiesta con otra trascendencia más pragmática de colaboracionismo e instrumentalidad. En el País Vasco el idioma es fuente inagotable de conflictos y enfrentamientos y, paradójicamente, lo que debiera ser instrumento de comunicación y enriquecimiento cultural ha devenido elemento de discriminación y desavenencia.

La lucha por el euskera como factor de identidad étnica de los vascos tiene una larga trayectoria, cuyo final está muy lejos de vislumbrarse. La escalada del nacionalismo ha venido acompañada de un movimiento culturalista, cuyo eje principal se sitúa en la afirmación del idioma vasco, como fundamento irrenunciable de la ideología sabiniana. Durante estos años el gobierno y las demás instituciones vascas han hecho esfuerzos agobiantes y dispendios difíciles de justificar bajo una óptica racional, por conseguir que una población que mayoritariamente habla español pase a expresarse en euskera. El asunto es muy grave por el contenido patriótico-político que recibe el vascuence, por la fuerte carga emocional que gira en torno a su fomento y por la ausencia de espacios reales de libertad que garanticen la eliminación de todo mecanismo de coacción lingüística.

Cuando los nacionalistas vascos reclaman el derecho a la soberanía nacional de Euskadi están pensando en una patria monolingüe con el euskera de idioma nacional. El bilingüismo sería una etapa transitoria que habría de desembocar en un monolingüismo, cuya realización permitiría una mayor diferenciación de los vascos respecto de las demás comunidades españolas. En este sentido, algunos ayuntamientos ya han dado los primeros pasos declarando al euskera no sólo lengua propia, como dice el Estatuto, sino lengua única.

Como muestra de la actuación de la administración vasca en relación con el euskera nada más elocuente que la política lingüística del ayuntamiento de Bilbao. De espaldas absolutamente a la realidad de una población que no llega al 9% de hablantes de euskera, una ordenanza municipal define a esta lengua como *la lengua del municipio de Bilbao* y su empleo, por ello, debe tener tratamiento preferencial. El voluntarismo radical de los munícipes nacionalistas se refleja en una serie de bonificaciones lingüísticas y privilegios funcionariales y también en órdenes difíciles de cumplimentar por sus empleados, a los que se pide utilicen el euskera en todas sus relaciones verbales con los ciudadanos.

Así pues la batalla lingüística pone demasiadas sombras en el futuro del País Vasco: frente al deseo de unos de fomentar en libertad el euskera, el afán de otros de imponerlo a la fuerza. El número de euskeroparlantes, entre los que se incluyen los que acaban de estrenar su nuevo lenguaje, no llega nunca a la cuarta parte de una población que además emplea constantemente el castellano y que ha recibido, en su inmensa mayoría, su formación y cultura con el vehículo de la lengua española. Proyectos como los de *euskaldunización* de adultos se vienen saldando con estrepitosos fracasos que así y todo no han minado ni la moral ni la combatividad de los poderes nacionalistas. A pesar de ello se conserva la estructura de los *euskaltegis* o escuelas de euskera, con dos organismos (HABE y AEK) que mantienen sus controversias por el paraguas financiero del gobierno. Las subvenciones al idioma son despilfarradoras, y el añadido ofrecido por la expectativa de puesto de trabajo ha conducido a intentar este aprendizaje a buen número de personas. En aras del vascuence se cometen verdaderos despropósitos y agotan energías, pero la respuesta al desatino es pequeña porque en ese ámbito no valen los razonamientos. Y es ahí donde se exhibe la culpabilización esquizofrénica de los políticos y autoridades, incluso no nacionalistas, que comienzan sus parlamentos pidiendo perdón por no saber euskera.

De momento la política lingüística ante el abandono de los primeros afanes de la transición, cuando un aceptable número de voluntarios se acercó con esfuerzo personal y algún sacrificio a la tarea idiomática, ha discurrido por caminos a todas luces equivocados. A causa de ello la enseñanza del vascuence ha devenido lentamente en poco menos que imposición sobre la población escolar y los desempleados, a los que poca veneración se les puede exigir por una necesidad no sentida. Los jóvenes sin trabajo ya no ven en el euskera un emblema de identidad, sino un certificado para el curriculum que les ayudará a emplearse. A este respecto, en el acceso a la función pública se cometen auténticos desafueros al privilegiar el conocimiento del vascuence sobre cualquier otro mérito del candidato.

Pero incluso numerosos militantes y votantes nacionalistas, que derraman lágrimas sinceras por su pérdida y degradación no pasan de asirse a sus restos como nota de distinción superficial de acusado tono folklórico. Lo que sí se da es lo que Juan Aranzadi llama afirmación heráldica en el uso del vascuence. El interés testimonial en hacer presente el euskera, aunque sólo sea en la práctica de fórmulas de saludo, en la onomástica, en las cuñas propagandisticas de los discursos y liturgias o en la simple declaración de que se está estudiando el idioma.

Donde parece que más se está forzando el proceso lingüístico del País Vasco es con la población escolar y sus docentes. Entre 1978 y 1982 cerca de 4.000 maestros prefirieron abandonar el País Vasco a aceptar el autoritarismo del poder en materia de euskera. Pero han sido muchos más los que han tenido que trampear ante sus inspectores sus verdaderos conocimientos del idioma o, los que sin estar en edad han elegido el camino de los cursos de lengua. El acuerdo de gobierno suscrito por PNV, EE y EA, en enero de 1991, ha hecho sonar las alarmas en este terreno tan castigado por el nacionalismo cultural, y negros presagios se ciernen sobre discentes y docentes. Expresiones que ellas solas servirían para definir el intervencionismo sobrepasado de un gobierno se pronuncian con vehemencia y se oyen sin sobresalto. Como cuando los socios del nuevo gabinete se comprometen a participar en la *intensificación del compromiso individual* de los ciudadanos con el euskera, o disponen la euskaldunización forzada de los funcionarios. Pero es un territorio, como queda dicho, donde la igualdad y seguridad juridicas también pueden sacrificarse a la implantación del idioma. Reivindicar el derecho de los hablantes a su lengua es una cosa; reivindicar el derecho de una lengua a crearse hablantes obligatorios es otra diferente, comenta el filósofo Fernando Savater.

Las más recientes informaciones sobre los niveles de audiencia de otro gran sueño nacionalista, la televisión vasca (con dos canales, uno exclusivamente *euskaldún*), han sobrecogido a la opinión pública, al comprobar el cuantioso desembolso empleado en tan escasos televidentes, Mientras las dos Facultades de Filología vasca ven decrecer las solicitudes de alumnado, unos cuantos escritores de lengua *euskérica* se pasan a la expresión castellana buscando una mejor y mas amplia comunicación. En la que se mueven también a pesar de su ideología los diarios nacionalistas *Deia* y *Egin,* que sólo dedican unas cuantas columnas testimoniales de euskera y que, no obstante el comportamiento electoral del País Vasco, se ven espectacularmente desbordados en tirada por *El Correo Español* y *El Diario Vasco,* de talante no vasquista.

La sumisión y la profecía

El motivo central del nacionalismo —la restauración de una situación pasada en la que la nación tuvo una naturaleza y actividad más completas— sigue encandilando a numerosos eclesiásticos curtidos por formación y estilo en esas lides retóricas. Como ningún otro colectivo la clerecía se ha ido acostumbrando a ese tipo de operaciones intelectuales necesarias para afirmar la identidad de una nación, desde la arbitrariedad o el deseo. La vía más socorrida es dar el salto de la cultura a la política y para ello, en un momento se describe a la nación como una comunidad cultural para enseguida pasar a describirla como una comunidad politica. El Estado ideal que podría reclamarse es el que englobaría a esa comunidad nacional, unificada en sus esferas culturales y políticas. En definitiva, que de la afirmación de la singularidad cultural se desliza finalmente la exigencia de la autodeterminación política.

Los obispos a través de sus *pastorales* han ejercitado su capacidad de reflexión teórica, y se han impuesto la tarea de racionalizar e iluminar los grandes problemas de su feligresía. En el País Vasco, y después de lo queda dicho, no es extraño que se hayan topado con el nacionalismo. Más aún, sus elaboraciones doctrinales pueden pasar muy bien, como veremos, por escritos nacionalistas. También ellos han explotado la perpetua ambigüedad del nacionalismo en sus ámbitos cultural y político de tal forma que no es incongruencia alguna que José María Setién, obispo de San Sebastián, reclame el derecho de autodeterminación para lo que él llama pueblo vasco. En su pensamiento, el proceso parte, asimismo, de la afirmación de la identidad cultural del País Vasco que comporta la consolidación de la nación política, y consiguientemente su capacidad originaria de dotarse de su propia organización.

Otro mecanismo, emparentado con el anterior, ha venido a reforzar la imagen nacionalista de la jerarquía vasca. Se trata de la aplicación sesgada y parcial de los principios de la *incultura-ción,* que subrayan el interés eclesiástico por el modelado del mensaje salvífico en las arcillas de las distintas culturas. Pues bien, en el País Vasco la Iglesia oficial, animada por una parte de sus curas, ha elegido el modelo euskaldún y nacionalista de cultura para practicar en él su aventura encarnacionista. Renunciando a una concepción más moderna, más rica y progresista de cultura, la Iglesia vasca encorseta su mensaje en el puro lenguaje nacionalista. Aparca las grandes preocupaciones culturales de final de siglo y se engaña a sí misma con su estrategia de inculturación, tan poco acorde con una sociedad urbana y postindustrial.

Además, la jerarquía vasca tan parcial y nacionalista se mueve como pez en el agua en asuntos de reivindicaciones lingüísticas. Tanto que su proyecto cultural siempre acaba en la compulsión del euskera y su cultivo. Olvidándose de que uno de los derechos humanos es el de expresarse en la lengua materna y que este derecho va ligado a la persona y no a la geografía, la Iglesia vasca privilegia de forma implacable al vascuence en su liturgia. O mejor, lleva su testimonialismo hasta extremos tan poco pastorales que introduce el euskera en las ceremonias del culto, aun a sabiendas del desconocimiento de su feligresía.

Siempre fue la Iglesia del País Vasco una buena cultivadora y difusora del euskera, pero su actual apuesta por dicho idioma, con el consiguiente dispendio de energias utilizables en una más urgente evangelización, parece limitar el horizonte de las preocupaciones religiosas y suscita recelos entre sectores no nacionalistas. Por otra parte el conocimiento del vascuence ha servido para instalarse en los centros de poder eclesiástico a sacerdotes seculares y regulares vascoparlante y ha arrinconado a otros que se han resistido al idioma. De este modo la Iglesia vasca reproduce la batalla lingüística que divide a su parroquia, y renuncia a constituirse en lugar de encuentro de lo culturalmente diverso.

A lo largo de estos últimos años, la Iglesia vasca viene perdiendo de modo progresivo su antigua influencia como elemento de integración de la sociedad vasca. La hemorragia clerical —pasaron los tiempos en que el País Vasco era la gran cantera vocacional de España—, las tensiones internas de la propia Iglesia y el proceso de secularización ideológica están erosionando el viejo protagonismo de la institución eclesiástica. Quedan muchísimos rasgos propios de un pueblo de tradición y costumbres católicas, la sociedad rezuma símbolos religiosos por todas partes, pero la Iglesia como tal ha perdido terreno. Sabemos por las investigaciones del sociólogo Javier Elzo que el descenso de la práctica religiosa es mucho más acentuado en la población autóctona que en la inmigrante. Asimismo el nivel de creencias de los vascos es, en conjunto, inferior al de la población española y similar a la media europea.

La Iglesia vasca ni siquiera pudo jugar en la transición política entre 1975 y 1978 el papel que la Iglesia española acertó a desempeñar, apoyando al sector reformista del franquismo, alentando a la oposición democrática y contribuyendo, como ninguna otra institución, al reblandecimiento de la agresividad de la derecha conservadora contra el nuevo régimen democrático. En el País Vasco el protagonismo y la iniciativa los tuvieron siempre la violencia y ETA, y la Iglesia hubo de bailar al son que éstas tocaban. Desde su apoyo a la amnistía, a la salida del régimen de Franco, hasta su apuesta por la negociación con el grupo terrorista jamás la Iglesia dejó de estar a remolque de las decisiones de la violencia.

Inmersa en las manías y frustraciones del nacionalismo, la jerarquía vasca no consiguió introducir racionalidad y tolerancia en el laberinto vasco. Antes al contrario, la religión y sus ministros han bajado con demasiada frecuencia a la arena política partidista poniendo no escasa dosis de fanatismo. Los propios obispos, haciendo gala de manifiesta inoportunidad, han contribuido en distintas ocasiones a exacerbar los ánimos con exhortaciones muy poco pastorales.

La coincidencia de la Iglesia con el poder nacionalista ha hecho que se hable de un *nacionalcatolicismo* vasco, en el que se reproducían todas las formas y *tics* del viejo *nacionalcatolicismo* franquista. Utilizando un lenguaje religioso, la Iglesia vasca participó en el juego simbólico ritual solicitado por el nacionalismo moderado, contribuyendo a la revalidación de un proyecto sociopolítico concreto. La afinidad entre la Iglesia oficial y el nacionalismo dominante les haría coincidir en un cierto moralismo abstracto y genérico, en su vocabulario político, en la dificultad de llegar a afirmaciones precisas y de llamar a las cosas por su nombre o por sus siglas, y a partir de 1980 en un cambio simultáneo de actitudes. En sus relaciones con el poder político la jerarquía vasca es muy selectiva, y prefiere siempre a los nacionalistas vascos del gabinete de Vitoria que a da lo mismo quién del gobierno central. Así se les pasan por alto a los obispos vascos ciertas conductas de las autoridades de la autonomía y caen en la cuenta para reprobarlas cuando provienen de Madrid.

Desde la carta colectiva de 1937 difícilmente se encontrarán en la Iglesia española textos tan temporalistas como las pastorales que los prelados vascos, bajo el liderazgo intelectual de José María Setién, obispo de San Sebastián han dado a conocer a la opinión pública. Siempre con el *leitmotif* de la defensa de la autonomía o del rechazo matizado de la violencia política, los escritos de la jerarquía vasca firmados conjuntamente desde 1977 vienen suscitando polémicas y sentimientos muy encontrados. En distintas ocasiones —con motivo de la situación creada en su jurisdicción y en toda España a raíz del fallido golpe de Estado; a propósito de la LOAPA o sobre la negociación con ETA—, desde diversas instancias se pidieron cuentas a los prelados por el uso temporalista que hacían de la *auctoritas* episcopal en asuntos claramente políticos.

El último resbalón de los obispos de Bilbao en 1991 también mostró su oreja nacionalista, llamando presos políticos a los activistas de ETA. Sin embargo la sociedad se ha acostumbrado a estas tomas de posición de la jerarquía, y el clamor ante su intromisión política ha decrecido. Porque ve claro el artificio de querer disfrazar de juicio moral o urgencia ética lo que es una mera opción política. Así pues, las incursiones de los obispos en asuntos puramente civiles, sobre los que en la propia sociedad vasca existen opiniones diversas e incluso encontradas, se reciben entre su clientela con un sano escepticismo.

A pesar de la pérdida —en los años setenta— del horizonte religioso del nacionalismo vasco, la clerecía siguió siendo nacionalista y no pareció darse cuenta del vacío dejado por sus contenidos dogmáticos y su sentido de la utopía, en un nacionalismo que desertó de la religión pero que no puede hacerlo de las estructuras psicológicas moldeadas por el catolicismo. De ahí que los que se preguntan por la responsabilidades de la Iglesia en el clima de desasosiego y violencia que vive el País Vasco suelen contestarse aludiendo a las transferencias de lealtades de las causas religiosas a las seculares, sin que decreciera el espíritu de devoción o fanatismo que las sostenía.

Si la jerarquía vasca dio la espalda durante largos años al nacionalismo es ahora cuando no duda en afirmar la convergencia existente entre determinadas metas nacionalistas y el apremio de la vida cristiana. Pero este cambio de posiciones de la Iglesia oficial, en un momento en que el nacionalismo es el ganador, ha traído de la mano una cierta devaluación del magisterio eclesiástico relativo a cuestiones de moral pública.

Hasta hace bien poco tiempo los obispos vascos eran acusados de ponerse una venda ante el terrorismo de ETA; sin embargo llevaban años condenando y deslegitimando genéricamente toda violencia: *no es lícito matar a nadie*. Lo que ocurría era que un afán de equilibrio dialéctico empujaba a los prelados a meter toda violencia en el mismo saco y que en una pastoral de 1978 llegaron a poner la *invasión de la pornografía* entre las causas de ella. También era cierto que los obispos, que en seguida perdieron el miedo a usar palabras como *torturas, represión institucional* o *policía* rehusaron siempre emplear términos como *terrorismo* o ETA, que hasta abril de 1981 no fue condenada por su nombre. Para entender esta actitud de los jerarcas vascos hay que recordar que son sectores nacionalistas y cristianos los que durante más tiempo han visto con simpatía a ETA, y a los que más cuesta despegarse afectivamente de ella.

Es verdad que la jerarquía vasca ha ido acentuando la contundencia de sus condenas a ETA pero no es menos que las ha hecho acompañar casi siempre con el reproche de la actuación de los cuerpos policiales o con el intencionado recordatorio del respeto a los derechos humanos. En momentos en los que el terrorismo etarra golpeó con especial inhumanidad —masacre de Zaragoza, por ejemplo— semejante condena bipolar pareció a muchos un cruel sarcasmo o una malévola inoportunidad. Porque leyendo la cartilla a la policía o al Estado, al socaire de la condena a ETA, parecía como si se buscara una equiparación de violencias y maldades, de intransigencia y deslegitimidad. Intención que no se puede excluir de la voluntad de los obispos, cuyo discurso ideológico coincidente con el del nacionalismo plantea la revisión de la legitimidad del Estado dentro del territorio vasco.

Si la acusación de cerrar los ojos a la violencia etarra es injusta en el caso de los obispos vascos, no se puede decir lo mismo de algún sector fanatizado de su clero. El lenguaje y los símbolos religiosos son para el patriotismo radical eclesiástico el mejor soporte de lo que bien pudiera llamarse justificación cristiana de la violencia. Casi como un anacronismo, de vez en cuando se hace notar una *coordinadora de sacerdotes*, poco representativa pero inmune al desaliento, cuya manipulación del lenguaje religioso se actualiza trágicamente en los funerales de los etarras. Envueltas en una retórica emotiva que apela al compromiso y la generosidad, las homilías de muchas de esas ceremonias fúnebres tienen como rasgos comunes los siguientes: asignación de la categoría evangélica de *pobres y oprimidos* al pueblo vasco; propuesta de liberación de Euskadi a la luz del Exodo bíblico; exaltación martirial de los activistas muertos y equiparación con el holocausto de Jesús.

Rompiendo con su trayectoria anterior los obispos vascos, en la cuaresma de 1986, advertían a sus diocesanos de los peligros que comportan los amores patrios incontrolados. Sin miramientos ponían el dedo en la llaga por donde se desangra el País Vasco: *cuando la patria o el pueblo se convierten en un ídolo, despiertan tarde o temprano las energías destructivas*. También la Iglesia vasca ha sido víctima de esa idolatría y muchos de los profetas y ministros de esta nueva religión lo fueron antes de aquella otra que tanto contribuyera al triunfo del nacionalismo.

BIBLIOGRAFIA

Nada mejor para intentar desvelar la compleja trama social del País Vasco contemporáneo que la consulta de los siguientes trabajos, todos ellos de notable factura científica: TUSELL, Javier, *Historia de la Democracia Cristiana de España,* Madrid, 1974 (2 vols.), donde se interpreta la visión democristiana del PNV. GARCÍA DAMBORENEA, R., *La encrucijada vasca,* Editorial Argos Vergara, Barcelona, 1984, donde se incluye una vivisección de la crisis de convivencia en Euskadi. CARO BAROJA, Julio, *El laberinto vasco,* San Sebastián, 1984. FUSI, J. P., «Nacionalismo y libertad», en *Revista Cuadernos de Alzate,* n.° 1, invierno, 1984-1985. MARDONES, J. M., Modernidad y postmodernidad en Europa y el País Vasco, en *Revista Cuadernos de Alzate,* n.° 3, 1986-1. SÁNCHEZ, L. I., «Comunidades Autónomas y relaciones internacionales», en *Revista Cuadernos Alzate,* n.° 3, 1986-1. ESCUDERO, Manuel, «El nacionalismo, cruz de la izquierda europea», en *Revista Cuadernos de Alzate,* n.° 3, 1986-1. ZARZALEJOS NIETO, José Antonio, «Sólo un testimonio», en *Revista Cuadernos de Alzate,* n.° 3, 1986-1. ELZO, Javier, *Juventud vasca,* Servicio de Publicaciones del Gobierno Vasco, Vitoria, 1986. UNZUETA, P., «Moderados e inmoderados en la política nacionalista vasca», en *Cuadernos de Alzate,* n.° 3, 1986-1; del mismo autor, *Sociedad vasca y política nacionalista,* Ediciones El País, Madrid, 1987. JUARISTI, Jon, «El ghetto vacío», en *Letra internacional,* otoño 1987. AZAOLA, J. M., de *El País Vasco,* Editorial Instituto de Estudios Económicos, Madrid, 1988. VV. AA., *Revista Cuadernos de Alzate,* n.° 10 (septiembre-diciembre), 1988, dedicado por entero a la autodeterminación. COPA, Vicente, *País Vasco, crónicas de un análisis político,* Ediciones El Correo, Bilbao, 1989. VV. AA., *Euskadi, realidades y progreso,* Ediciones de la Universidad de Deusto, 1990. ORTZI, *Euskadi, pueblo y nación* (7 volúmenes), Editorial Kriselu, San Sebastián, 1990.

A propósito de las tensiones y crisis de convivencia del País Vasco en los últimos años léase: BARAIKOA, B., *Crisis económica y Euskadi,* Editorial Hordago, San Sebastián, 1978. REINARES, Fernando, *Violencia y política en Euskadi.* Editorial Desclée, Bilbao, 1984. RUIZ OLABUENAGA, José Ignacio y otros, *Violencia y ansiedad en el País Vasco,* San Sebastián, 1985. GENOVÉS, Santiago, *La violencia en el País Vasco y sus relaciones con España,* Editorial Fontanella, Barcelona, 1986. SOLOZÁBAL, Juan José, «La pacificación del pueblo vasco», en *Revista Cuadernos de Alzate,* n.° 4, 1986-2. PARAMIO, Ludolfo, «La crisis del nacionalismo y el futuro de la nación», en *Revista Cuadernos de Alzate,* n.° 4, 1986-2. JÁUREGUI, Ramón, «Euskadi, un laberinto con salida», en *Revista Cuadernos de Alzate,* n.° 7, septiembre-diciembre 1987. COCA GARCÍA, César, «Terrorismo y medios de comunicación», en *Revista Cuadernos de Alzate,* n.° 7, septiembre-diciembre 1987. AROSTEGUI SÁNCHEZ, J., «Estructura y conflictividad social contemporánea», en *Volumen VI del II Congreso Mundial Vasco,* Editorial Txertoa, San Sebastián, 1988, pp. 9-22. MORÁN, Gregorio, *Testimonio vasco,* Editorial Espasa-Calpe, Madrid, 1988. AZCONA, José Manuel, «El pueblo vasco se piensa a sí mismo», en *Revista Cuenta y Razón,* n.° 46, mayo de 1989; del mismo autor, «Las nuevas conquistas de América», en *Revista Cuenta y Ra-*

zón, n.° 48 y 49, julio-agosto de 1989. GARCÍA DE CORTÁZAR, Fernando, «Lo soñado y lo acontecido», en *Revista Cuadernos de Alzate,* n.° 12, mayo-noviembre 1989. GURRUCHAGA, Ander, «Sociología vasca: la necesidad de su descubrimiento», en *Revista Cuadernos de Alzate,* n.° 12, mayo-noviembre 1989. AMIGOT, Mikel, *Neguri,* Editorial Tibidabo, Barcelona, 1990.

Los aspectos culturales o filosóficos del período 1975-1991 se describen en: SASTRE, Alfonso, *Escrito en Euskadi, revolución y cultura,* Editorial Revolución, Madrid, 1982. LORENZO ESPINOSA, J. M., «Lenguaje y política», en *Revista Saioak,* n.° 5, 1983. MUÑOA, Pilar, «El escultor Oteiza: un necesario reconocimiento», en *Revista Cuadernos de Alzate,* n.° 2, primavera de 1985. ZUBIKARAI, Juan Antonio, «Nacionalismo musical vasco, un capítulo aún por cerrar», en *Revista Cuadernos de Alzate,* n.° 2, 1985. SERGIO CEPEDA, Josu, «ETB y normalización lingüística», en *Revista Cuadernos de Alzate,* n.° 5, enero-abril de 1987. ARENAL, Celestino de, «La Universidad del País Vasco, retos y problemas», en *Revista Cuadernos de Alzate,* n.° 6, abril-septiembre 1987. SADABA, Javier y SABATER, Fernando, *Euskadi, pensar el conflicto,* Ediciones Libertarias, Madrid, 1987. EZQUERRA PERUJO, M., «La Iglesia en el País Vasco (1975-1982)», en *Volumen VI del II Congreso Mundial Vasco,* Editorial Txertoa, San Sebastián, 1988, pp. 279-294. AGUIRRE, Rafael y otros, *¿Cómo construir la Iglesia del futuro?,* Editorial Mensajero, Bilbao, 1980. VV. AA., *Paz y reconciliación,* Bilbao, 1991. ELORZA, A., «Cultura e ideología en el País Vasco Contemporáneo», en *Volumen V del I Congreso Mundial Vasco,* Editorial Txertoa, San Sebastián, 1988, pp. 245-231. IBARZÁBAL, Eugenio, *Así piensan los vascos,* Servicio de Publicaciones del Gobierno Vasco, Bilbao, 1988. VV. AA., *Los derechos históricos vascos,* Actas del II Congreso Mundial Vasco, Instituto Vasco de Administración Pública, Oñate, 1988, *Revista Historia Contemporánea,* Servicio de Publicaciones de la Universidad del País Vasco (a partir de 1989), y la colección *Aula de Cultura de El Correo Español-El Pueblo Vasco,* Ediciones de El Correo, (VII volúmenes), Bilbao, 1982-1990. MALINIAK, Thierry, *Les Espagnols, de la Movida à l'Europe,* Editions du Centurion, París, 1990. MIGUEL, Amando de, *Los españoles,* Ediciones Temas de Hoy, Madrid, 1990. VILLARROEL LÓPEZ, José Antonio, *Euskera versus castellano: un conflicto lingüístico,* Edición del autor, Bilbao, 1990.

TEXTOS Y DOCUMENTOS

El fundador

EL pueblo vasco tenía vigor sobrado y sobrada energía para ascender con paso firme la escala tendida desde su personalidad histórica, a través del límpido éter de su innata libertad hacia el cielo de un perfeccionamiento que había sido la admiración de muchos pueblos cultos. Pero, absorbido y arrastrado por Castilla y sus hermanas, descendió en vez de subir, cayó en vez de levantarse y va aceleradamente derrumbándose hacia su total ruina en vez de haberse encumbrado hasta lo más alto de la social felicidad.

Está rico, ciertamente. Mas sus riquezas no son legadas por Castilla y sus hermanas. Quien nada tiene, nada puede dar. Envuelto en la capa o manta y tumbado al sol, no se produce. La laya vasca, manejada a un tiempo por el hombre y la mujer, levanta y vuelca la dura corteza de estas montañas. Estéril es el suelo; pero el sudor del vasco lo fecunda, germina la simiente del trabajo; fructifica, y gran parte de este fruto pasa el Ebro para servir de alimento al hidalgo castellano que envuelto en su capa, sigue tumbado al sol, bajo la bóveda del zafíreo cielo. Y cuando el hidalgo se ha cansado de tomar el sol y quiere refrescar su prognático rostro, pardo como su capa, su suelo y su vivienda, en las brisas del mar de los vascos, aquí halla amparo, hogar y trabajo; siempre tanta protección como el vasco mismo; muchas veces, más.

Está rico el vasco. Pero gran parte de su dinero pasa el Ebro. Preguntádselo al Ministerio de Hacienda. Otra gran parte se emplea aquí mismo en tratar bien el forastero.

Lo que de bueno tiene el vasco no se lo debe a Castilla y hermanas. De lo malo, casi todo lo tiene de ellas recibido.

No hablemos de la navaja, ni de la blasfemia, ni de los cantares, ni de las danzas, ni de las ideas librepensadoras... Todo eso hiede.

Los etnógrafos extranjeros admíranse de la sociedad de las costumbres vascas; los obispos de diócesis extrañas se hacen lenguas ponderando la religiosidad del vasco, ferviente y seria y declaran no conocer semejante en país alguno del universo mundo. Pero procedentes del lado de allá del Ebro penetran otras costumbres que van sustituyendo a las vascas, y para reemplazar a la religiosidad indígena invaden por un lado la indiferencia, por otro el fanatismo. Lo de fuera ocupará el lugar de lo de dentro. La descomposición del organismo vasco se hará general; después... todo tejido muerto da vida a inmunda larva.

Verdaderamente, es mucho lo que el vasco ha recibido de Castilla y sus hermanas. Pero también tiene aún el vasco cosas propias.

Ved abiertas y arrancadas las entrañas de la tierra, taladrados los montes, refrenados los violentos ímpetus de la mar, surcadas las aguas por sinnúmero de navíos, velada por el humo la azul atmósfera, convertido en luz y en fuera el salto de las fuentes, perforadas las montañas, agitándose en las mallas blancas y negras de una tupida red de vías ingente multitud de viviendas que producen y almacenan y transportan y vuelven a producir, a almacenar y transportar, en incesante oleaje, loco y frenético que todo lo remueve y lo transforma y nunca cesa de remover y de transportar... Todo es obra del vasco.

Mas examinad: que en todo no hallaréis la misma vida. Mirad a ese capitalista, y a aquel otro y al de más allá. No halláis un rico que no envíe a sus hijos a estudiar carrera, ¿no es cierto? Muchos, casi todos, van a estudiar al otro lado del Ebro, donde no se estudia. Todos, concluida la carrera, se preguntan: ¿para qué hemos empleado tantos años en estudiar? ¿De qué nos sirve el título?

¡Es que, teniendo algún capital, era preciso emprender carrera! ¡Todos hacen lo mismo!

¡Cuántos años de juventud y de energía perdidos!

Puesto esto acontece en mayor escala al otro lado del Ebro: de allí nos viene la influencia. He aquí otra cosa que les debe el pueblo vasco a Castilla y sus hermanas.

Grandes fábricas y talleres hay en el País Vasco: a sus puertos arriban grandes barcos. Pero la belleza no recibe culto. Al contrario: la bella naturaleza es repudiada por el hombre. Las riquezas se transforman en obras y edificios de todas clases; no pocos, inservibles para su objeto; muchos, agobiados por un lujo asiático; pero el arte no aparece por ninguna parte. También esto lo debe el pueblo vasco a la influencia ultra-ibérica.

Pasad el Bidasoa: vascos viven allí, vascos como nosotros.

¡Qué contraste! Allá la belleza natural es adornada de nuevas galas; donde la naturaleza ha sido ingrata, el hombre ha creado belleza. Es que aquellos vascos tienen otros amigos y reciben otra influencia.

En Salamanca la lengua es de las vivas, el arte es de los muertos. Su arte pasó a la historia: no supo Salamanca sustentarlo. Bilbao, villa de un pueblo siempre libre, no ha podido conservar lo que no pudo recibir de árabes y de germanos, cuyo yugo no conoció. Pero Bilbao tiene cabeza bien organizada, corazón animoso y caja bien repleta: sola la influencia de Salamanca, que no puede dar lo que no tiene, le impide caminar hacia el arte y hacia toda cultura intelectual.

La mujer vasca, en la población, es hacendosa y honrada como en el campo. Sus virtudes se revelan en su vestir: elegante en el gusto, modesto en el precio, sobrio en los adornos. Ciertamente: la genuina mujer bilbaina va siendo cada vez más rara: ya en muchas la pérdida de aquellas virtudes se revela en su vestir. Pero esto también es fruto de la influencia exótica (...).

Muchas cosas como las citadas ha recibido de Castilla y sus hermanas el pueblo vasco. Otras tantas han recibido ellas de los vascos. En tiempos pasados les ayudaron a conquistar sus tierras contra los moros, a explorar el océano, a someter las Indias, a pelear contra turcos y europeos; hoy les muestran las riquezas de las entrañas de su suelo, instruyéndolos en la manera de explotarlas, y dondequiera que en España se inicien empresas de desarrollo de vida y de progreso., así se ve el vasco, dándolas impulso su espíritu práctico, su certero golpe de vista y su energía (...).

El vasco en todas partes se encuentra como el pez en el agua: toda la tierra y todos los mares son su elemento; todos los climas le reciben como suyo. Así también raíces del euskera se hallan en todas las lenguas más antiguas del universo. Diríase que en la raza vasca se han perpetuado los caracteres propios de la familia generadora de todos los pueblos (...).

Pero el pueblo vasco no cumple con la ley de la armonía universal, porque carece de personalidad. Oprimido su espíritu por el extraño, su cuerpo se extenúa, se extingue, perece. La raza vasca, si así continúa, se va. Desaparecerá en el piélago de las otras razas, como el arroyo en la mar, y ya entonces ningún pueblo podrá servirse de la intrepidez, de la actividad y de la energía del vasco (...).

Si pretendéis que el pueblo vasco, perdida ya su personalidad política, pierda también su personalidad étnica, fundiéndose con el pueblo allende el Ebro para engendrar un nuevo pueblo, ¿por qué no discurrís lo mismo respecto a España, y no preconizáis sea invadida y avasallada por el anglosajón, por ejemplo? ¿No desempeñaría en uno y otro caso el mismo papel pasivo el pueblo infraibérico? (...).

El euskera se muere. Es verdad.

No lo mata el extraño. Los mismos vascos le están dando la muerte. Ha mucho tiempo que empezaron a negarle el sustento y hasta el aire (...).

Su lengua era maravilloso monumento de los tiempos primitivos. Era más que esto: elocuente testimonio de su innata independencia, timbre y sello firmísimo de su nacionalidad, noble ejecutoria. Pero los vascos no apreciaban su nacionalidad, ni amaban su independencia. ¿Para qué querrían su lengua? ¿Para adorno y lujo? Esto es poco práctico, y el vasco es de sentido muy práctico, y tiene razón en serlo.

El euskera apenas sirve más que para hablar de las labores del campo. Pero encierra en sí elementos abundantísimos que, bien desarrollados, le harían de hecho la lengua más rica del mundo. Intentadlo y os llamarán geniales innovadores y aun enemigos de la tradición vasca (...).

El euskera, hoy de nada vale. Al contrario, es un obstáculo, un estorbo para todo: para educarse, para estudiar, para el comercio, para la vida. Los ricos y los ilustrados habéis llegado a esa posición hablando español. ¿Por qué del aldeano queréis exigir que no lo aprenda, o al menos que no lo hable? ¿Es que no queréis que se iguale a vosotros en riqueza y en conocimientos?

Haced que el euskera sea necesario en su patria, y entonces, no lo dudéis, ningún hijo del pueblo lo ha de olvidar. Haced que sirva para educarse, para prosperar, para vivir, para ilustrarse, y entonces, el que lo posee, hallará razonable conservarlo, y el que no lo habla podrá moverse a aprenderlo. Entretanto, al primero sólo le sirve de estorbo; al segundo, sólo le serviría de vano lujo (...).

Amar el euzkera y pretender viva y se perfeccione sin que la raza que le habla goce de personalidad propia, suya propia exclusivamente, vivificada por el espíritu del evangelio, como vive robusto roble aislado y exento de parásitos, sustentado por la madre naturaleza, es pretender haya día sin sol, fuentes sin mar, fruto sin planta que lo produzca (...).

Bilbao es el plantel de las riquezas vascas, y cuando aprenda a invertir el oro, será el plantel de la cultura vasca. Bilbao es el pozo donde la invasión forma su núcleo, y cuando comprenda lo que la invasión importa y lo que exporta para los que la invaden, se trocará en fuente abundantísima, en la que beban el espíritu patrio todos los vascos, en faro luminoso que irradie por todas las montañas de este pueblo, la nítida luz del patriotismo.

Bilbainos, bizkainos, vascos todos: conozcámonos a nosotros mismos. Despertemos. (Sabino Arana y Goiri, *Euzkadi,* n.º 3, 1901).

Manifiesto del Partido Nacionalista Vasco

AL pueblo vasco

Amenazada de muerte la nacionalidad vasca por el peligro de muerte que corre la raza, a punto de desaparecer su idioma y adulterados su espíritu y Tradición, el Nacionalismo Vasco aspira a purificar y vigorizar la raza, a depurar y difundir el euzkera hasta conseguir que sea la única lengua de Euzkadi y a purificar el espíritu y esclarecer la Tradición del pueblo vasco, encaminándose sus trabajos en cuanto a este fin:

A. A que el pueblo vasco siga, fervorosamente, las enseñanzas de la Iglesia Católica, Apostólica, Romana, como las siguió y observó en tiempos pasados, con exclusión absoluta de toda doctrina condenada por la Iglesia Católica.

B. A que vuelvan a imperar los buenos usos y costumbres olvidados, fomentando los que se conservan y combatiendo los exóticos y perjudiciales.

C. A que las instituciones políticas, jurídicas, económicas, etc., características del pueblo vasco, vuelvan a tener vigencia y acción, amoldadas, en cuanto sea necesario, a la realidad de los tiempos actuales.

D. A que las letras y las artes, que sean manifestación de la nacionalidad vasca, adquieran vida robusta.

Como norma de su modo de obrar y proceder en estos órdenes de acción, se atenderá a los preceptos de la pura moral católica, conforme con lo que la propia constante Tradición ha sancionado.

En cuanto a la Tradición histórica de Euzkadi, pretende sea depurada con plena imparcialidad de los errores que en ella han introducido sus enemigos, y que se complete en cuanto sea posible.

Como medio eficacísimo para todo ello, procurará fomentar la solidaridad más firme y práctica entre los pueblos e individuos de raza vasca, en todos los órdenes de la vida, mediante la sólida enseñanza del pasado y del presente de Euzkadi, y la educación sinceramente patriótica de sus hijos, hasta lograr crear en nuestra tierra un ambiente en que solo pueda desarrollarse lo netamente vasco.

Su terreno de acción en Euzkadi, o sea, las regiones todas del País Vasco que se denominan Araba, Gipuzkoa, Nabarra, Bizkaya, Laburdi y Zuberoa, solar de la raza vasca; pero ello no quita el que la acción de la solidaridad abarque con sus beneficios y obligaciones a los individuos vascos, naturales u originarios de ellas, que habiten en tierras extrañas.

Habiéndose identificado en la historia esas hoy aspiraciones del Partido Nacionalista Vasco con una situación política actualmente abolida, y coincidiendo la paulatina extinción de los expresados caracteres y personalidad nacional de Euzkadi con la desaparición de sus instituciones políticas que no son, si bien se examina, más que una manifestación de la personalidad vasca en tal ramo de la actividad humana, al par que su salvaguardia más eficaz, el Partido Nacionalista Vasco quiere la restauración completa de Araba, Guipuzkoa, Nabarra, Bizkaya, Laburdi y Zuberoa, de sus antiguas leyes fundamentales y el restablecimiento de sus Juntas Generales o Cortes legisladoras y de todos los organismos de Gobierno y Administración de aquellas derivados. Y pide, y trabajará hasta conseguirlo, que esas Juntas o Cortes y organismos funcionen de nuevo, investidos de los mismos derechos, poderes y facultades que les asistieron en las épocas de su vida plena.

Como consecuencia de ello pretende, especialmente, la derogación por lo que hace a Araba, Guipuzkoa, Nabarra y Bizkaya, de la Ley de 25 de octubre de 1839, y en cuanto a Laburdi y Zuberoa, de las emanadas de los poderes de la Revolución francesa de 1789, y, en general de todas cuantas otras leyes y disposiciones hayan sido dictadas por los Gobiernos de Madrid y París que en algún modo impidan, amengüen o coarten el libre funcionamiento de aquellas Juntas o Cortes y la ejecución de sus legítimos mandatos.

Aspira, por tanto, el Nacionalismo Vasco, en el orden político a retrotaer la situación política de Euzkadi a lo que era un hecho en los tiempos anteriores a las fechas en que esas disposiciones atentatorias contra su constitución política fueron promulgadas.

Como síntesis que concreta y armoniza en un lema esos dos órdenes de aspiraciones sociales y políticas del Partido Nacionalista Vasco, reseñadas en los dos párrafos precedentes, adopta el lema formado por el gran patriota Arana-Goiritar Sabin, que en euzkera se expresa diciendo *Jaun-Goikua eta Lagi-Zarra.* (Dios y ley vieja). (Aberri, 15 de diciembre de 1906).

El sindicato nacionalista

LA iniciación de la campaña social de EL DIA, ha sido un estimulante intensísimo. La opinión guipuzcoana hambreaba el que, con sinceridad y valentía, se acometiera el estudio del problema social, tal como se halla planteado en el País Vasco. Prueba elocuente, las cartas, comunicados y trabajos que, de diversas partes, nos llegan y las visitas, tanto de personas prestigiosas como de obreros honradísimos y conscientes, que al prestarnos su aliento nos ofrecen, sin reservas, su colaboración. Conste nuestra gratitud para todos ellos.

Manifestábamos que la primera y más soberana lección de las últimas elecciones era la innegable preponderancia del izquierdismo en las zonas industriales. En ellas el sano trabajador vasco sufre, en un tiempo reducido, una transformación hondísima tanto en el sentimiento y práctica de su fe religiosa, como en la concepción y psicología de su propio problema racial vasco. El medio ambiente social lo arrastra hacia la indiferencia religiosa y le anula el sentimiento vasquista. La misión humanitaria del proletariado pretende suplantar la fe; el internacionalismo fraternal de la clase trabajadora debe aniquilar los prejuicios de raza y nacionalidad.

Esos dos ideales los persigue tanto el comunismo como el socialismo, aunque con tácticas diversas. No es el comunismo, hoy por hoy, el peligro inminente qu amenaza destruir el edificio social vasco. El comunismo, iluminado por un misticismo revolucionario, predica la libertad de todas las clases sociales, de toda raza oprimida, de todo pueblo sojuzgado para, sobre ellos, levantar un internacionalismo federativo. El comunismo, envuelto en su frenético anhelo revolucionario, persigue con ingenua insistencia la libertad. No es que nosotros veamos en él ni un amigo ni un colaborador, sino que tratamos de situarlo en su posición precisa. Contra él debemos luchar, sin descanso.

El socialismo más ondulante y suave en su actuación, ha conseguido internarse, recientemente en Guipúzcoa. Ha recogido en los pliegues de su organización a la casi totalidad de los obreros extraños al país, y a una minoría, no despreciable, del proletariado vasco. No tenemos datos exactos de los afiliados a la UGT que, para nosotros, es el mismo socialismo, encubierto y simulado. Hoy, precisamente, se reúnen en Donostia los representantes de las Casas del Pueblo de Guipúzcoa, para hacer el recuento definitivo de sus huestes. Es ésta una importante reunión que no puede pasar desapercibida para nadie.

El socialismo, en Euskalerría, es eminentemente antivasco. Nos consta positivamente, aunque sus dirigentes lo oculten discretamente, para no alejar de sus filas a los vascos, que en su programa de acción figura el ir gradualmente destruyendo las características raciales de Euzkadi. El socialismo que por su mismo postulado de internacionalidad debía respetar las características y propiedades étnicas y todas las razas, sin pretender destruir aquéllas, ni suplantarlas por las de otros pueblos, aquí, se convierte en arma de exotismo y desvasquización.

El socialismo pretende ser sinónimo de universalismo, de internacionalismo. Obtenida la igualdad de todas las clases sociales, éstas deben hermanarse tan íntima y estrechamente, que bajo el imperio del socialismo desaparecerían para siempre, eternamente, las fronteras de los Estados y los límites de las nacionalidades.

Este ideal concibió y esa finalidad persiguió con empeño infatigable, la Segunda Internacional Socialista: «Probar a los proletarios, así como a los adversarios de su organización, que el internacionalismo no era ninguna utopía y que eso constituía el objetivo fundamental de la Conferencia», escribe Angélica Balabanof, en su libro «Días de lucha». A través de las páginas de esa obra, muchas de ellas de una emotividad intensa, se comprueban los trabajos ímprobos del socialismo europeo para arrancar del corazón del obrero la idea de la patria y suplantarla con el de la internacionalidad proletaria.

Ya, en el ambiente europeo, faltaba la inminencia de la Gran Guerra. El socialismo que, constantemente predicara su credo universal pacifista, se sintió resquebrajarse ante la voz del nacionalismo que resonaba allí en el seno de los corazones proletarios.

Para cuando, por última vez, se reunía la Segunda Internacional en Bruselas, los días 27 y 28 de julio, y a el partido socialista de Alemania había acordado sumarse, con entusiasmo, a la declaración de guerra proclamada por el Imperio. El mismo organismo internacional, corazón y alma del socialismo, «cesó de existir —escribe con amargura Angélica Balabanof— en el mismo instante en que se pronunció por la guerra burguesa, abandonando la idea fundamental de la lucha de clases, sobre la que se edifica toda la comunión socialista internacional». El mismo Plenchanoff, jefe y pontífice máximo del socialismo europeo, desde su risueño albergue suizo, se declaró partidario de la Gran Guerra.

De este hecho trascendental de la historia social contemporánea, fluye una consecuencia irrebatible. La dificultad máxima que, a su paso, halla el socialismo y la que le hiciera a éste fracasar ruidosamente en la primera ocasión ante los ojos del mundo, fue la consciencia racial, el sentimiento nacional de las masas proletarias que, con bélico ardor, se sintieron impulsadas a defender el suelo y los intereses patrios.

Luego, para combatir el socialismo, el arma más poderosa es despertar la conciencia nacional del obrero, es fomentar el sentimiento racial de las clases proletarias. Claro está que al sentar esta proposición, hablamos en el terreno puramente humano. La fe católica es, y será siempre, la que redima al obrero, y, sobre el Evangelio, se asentará únicamente la verdadera paz social.

Esto nos lleva, como de la mano, a manifestar que para contrarrestar y aún vencer, plenamente, la marcha del socialismo en Euskalerría, se impone el iniciar, fomentar y propagar, rápidamente, una gran organización obrera que, aparte de su confesionalidad, sea netamente vasca, con características profundamente raciales y basada sobre el fundamento de nuestra nacionalidad euskaldun.

Mas, por fortuna, nada debemos inventar. Existe ese magnífico organismo confesional y euskaldun: Solidaridad de obreros vascos. El es el único valladar que puede contener el avance del socialismo: es el único que puede vencerlo y desbaratarlo en Euzkadi. Contra el internacionalismo utópico del socialismo, una organización, neta y totalmente vasca. (José Ariztimuño «Aitzol», EL DIA, 19 julio 1931).

El nacionalismo liberal

PROGRAMA DE «EUSKO ABERTZALE EKINTZA» (ACCION NACIONALISTA VASCA)

Base ideológica. Libertad nacional

a) Constituye la base ideológica fundamental de *Acción Nacionalista Vasca* el reconocimiento previo de la personalidad nacional de Euzkadi.

b) Euzkadi es una colectividad nacional integrada por el conjunto de las seis regiones vascas conocidas en la Historia bajo las denominaciones de Araba, Guipuzkoa, Bizkaya, Lapurdi, Nabarra y Zuberoa.

c) Consciente de esas afirmaciones, *Acción Nacionalista Vasca* declara que el pueblo vasco no debe tener más normas reguladoras de su destino que su propia y soberana voluntad, sin injerencias ni tutelas de poderes extraños y sin más limitaciones que las que puedan derivarse de convenios *internacionales, libremente pactados.*

Principios básicos fundamentales. Libertad individual

Es necesario asegurar a cuantos integran el pueblo vasco, la realidad y eficacia que aquellos derechos que tienen por origen el fuero de las conciencias y por expresión adecuada la libertad individual.

A este efecto, defendemos el reconocimiento de los derechos individuales y la garantía y protección del ejercicio de los mismos a base de la igualdad civil de todos los ciudadanos dentro del Estado, sin otras limitaciones en el ejercicio de esos derechos que las que puedan imponer las leyes en beneficio del bien común.

La libertad de conciencia es un sagrado derecho individual y para que pueda ser asegurado con plena eficacia es preciso que el Estado vasco sea neutral en religión, estableciéndose la debida separación entre él y la Iglesia.

Justicia social

Sólo con la transformación del régimen presente hasta llegar a la supresión de la actual dependencia económica de unos hombres a otros se puede asegurar a todos el disfrute de una vida libre y digna. El pueblo vasco puede ser una gran familia en la que vivan hermanados todos bajo el signo de la justicia social; y la actuación de los organismos públicos de Euzkadi estará basada en la subordinación de los intereses privados a la conveniencia pública.

Organización política

Defendemos la unidad nacional vasca porque nuestro pueblo es uno e indivisible, debiendo constituirse un organismo de gobierno de extensión nacional que sea el que fije los fines político, económicos y sociales del pueblo vasco y el que los dirija soberanamente hacia la realización de esos fines.

Sin embargo, haciendo la distinción debida entre los conceptos de unidad y uniformidad, se cuidará queden siempre a salvo aquellas características que no se opongan a la solidez del Estado, y de una manera muy especial las de matiz administrativo, manteniendo en lo posible la más amplia autonomía de las regiones y de los municipios.

Acción Nacionalista Vasca considera indispensable la forma de gobierno republicano como garantía de normal desenvolvimiento de la democracia, reconociendo en la voluntad popular la única fuente de derecho y el origen legítimo e inmediato del poder. Así, los organismos representativos de los municipios, las regiones y la nación serán elegidos en sufragio universal.

En tanto esté garantizada la libre propaganda de las ideas y salvaguarden las leyes el ejercicio de todos aquellos derechos que son patrimonio natural del hombre, es repudiable el empleo de la violencia, que condenamos terminantemente.

Confederación de pueblos libres

Acción Nacionalista Vasca intervendrá en todos los aspectos de la cosa pública, situándose en un plano internacionalista, perfectamente compatible con un espíritu y un sentimiento profundamente vascos. Y en tal sentido aspira a que la totalidad del territorio vasco consiga incorporarse conservando su personalidad, a una futura confederación internacional de pueblos libres.

Reconocemos la dificultad insuperable, por el momento, de

reunir en un solo cuerpo político a toda la nación vasca, pero no renunciamos de ningún modo a unirnos para siempre con el territorio vasco situado al otro lado del Pirineo.

Con este fin, *Acción Nacionalista Vasca* apoyará toda iniciativa que tienda a una rápida unión de todas las Repúblicas occidentales de Europa como medio de llegar a un acercamiento de todos los vascos y a la confederación internacional de todos los pueblos.

Economía del Estado

Con el objeto de ordenar la economía bajo normas racionales para que su desarrollo se ajuste a la conveniencia y necesidades generales de la Nación y la posibilidad de sus recursos, estarán en poder del Estado el suelo, las riquezas naturales, las fuentes de energía, la gran industria, los medios de comunicación y transporte, la banca, el ahorro, los seguros y, en general, los nervios fundamentales de la economía, así como aquellas actividades que requieran el empleo de masas trabajadoras y cuyo fin sea un servicio de interés común.

Iniciativa particular

En los demás aspectos de la actividad humana, todos serán libres para dedicarse a los trabajos que más se acomoden a sus preferencias o aptitudes, sin más limitación que la de no poder explotar a otro, para lo cual se dictarán leyes que garanticen al trabajador el producto íntegro de su fuerza de trabajo.

El libre ejercicio de estas actividades será el debido complemento de las ejercidas directamente por el Estado, y de su conjunto se deducirá la satisfacción completa de las necesidades del País.

Propiedad privada

Cualquiera tendrá derecho a adquirir y poseer libremente cuanto sea nacesario para la satisfacción de sus necesidades materiales y espirituales, así como los útiles de trabajo y locales previos para el ejercicio de las actividades a que se dedique, pudiendo hacer de los rendimientos que obtenga de su trabajo el uso que estime conveniente salvo lo que se legisle en materia de impuestos para sostener las cargas públicas, obligaciones que contraiga voluntariamente o determinen las leyes, y con las restricciones que se deriven de lo establecido en el apartado *Economía del Estado,* reservándose este, en todo caso, el derecho de expropiación forzada por causas de utilidad pública.

Trabajo

La vida social e individual en el país vasco se asentará sobre la base del trabajo, al que todos tendrán derecho.

Apreciamos la necesidad de que todos los trabajadores manuales e intelectuales estén sindicados en agrupaciones que se correspondan con sus actividades, para que puedan prestar al Estado la cooperación necesaria al cumplimiento de sus fines, y para que los trabajadores tengan en dichas organizaciones los mejores medios de apoyo mutuo y prosperidad. (Hoja suelta. 28 de junio de 1936).

Las indecisiones del PNV (18 de julio de 1936)

PNV de Vizcaya

«Ante los acontecimientos que se desarrollan en el Estado español, y que tan directa y dolorosa repercusión pudieran tener sobre Euzkadi y su destino, el Partido Nacionalista Vasco declara —salvando aquello a que le obliga su ideología, que hoy ratifica solemnemente— que planteada la lucha entre la ciudadanía y el fascismo, entre la República y la Monarquía, sus principios le llevan indeclinablemente a caer del lado de la ciudadanía y de la República, en consonancia con el régimen demócrata y republicano que fue privativo de nuestro pueblo en sus siglos de libertad.»

PNV de Guipúzcoa

«El PNV y STV se sumaron al movimiento de defensa del Régimen constituido no porque éste signifique la satisfacciones políticas de nuestra ideología, sino porque somos enemigos de la guerra, de la violencia, del fascismo, de la dictadura y de los pronunciamientos militares. Pero nosotros no podemos permitir la acción de bandas de asesinos (...).

No es nuestra causa; no nació en nuestra tierra, [si colaboraba con la Junta de Defensa de Guipúzcoa era con el propósito de] llevar a los choques inevitables de su espíritu cristiano, su preocupación económica, la defensa de la vida y de las libertades ciudadanas y el mayor ahorro de sangre humana en la reyerta (...).

Nuestro deber como nacionalistas vascos se concreta hoy en la defensa del orden instituido, dentro del cual esperamos encontrar camino abierto, dentro de la Ley, a nuestras reinvidicaciones.»

PNV de Alava

«El Consejo Regional del PNV de Alava, con el interés vivamente puesto en evitar luchas fraticidas y derramamientos de sangre entre hermanos alaveses y para impedir que la anarquía se adueñe de nuestro pueblo, ordena a todos sus afiliados que realicen pacíficamente las actividades de su vida ciudadana, cumplan puntualmente sus obligaciones sociales y estén atentos en todo momento a las disposiciones de la autoridad militar y delegados que se han constituido. La tierra alavesa, siempre distinguida por su tradición constante de paz y laboriosidad, ha tenido y debe tener en cualquier instante en los nacionalistas alaveses, alejados siempre de toda violencia por imperativos de sus normas doctrinales y democráticas, eficaces colaboradores de esos dos gloriosos postulados.»

PNV de Navarra

«El PNV de Navarra hace pública declaración de que, dada su ideología fervientemente católica y fuerista, no se ha unido ni se une al Gobierno en la lucha actual, declinando en sus autores toda responsabilidad que derive de la declaración de adhesión al Gobierno aparecida en la prensa, sobre la que podemos asegurar, que no ha sido tomada por la autoridad suprema del Partido.»

El fin de la autonomía

HE llegado con las tropas vascas hasta el límite de Euzkadi. He permanecido entre ellas admirando el temple de nuestro pueblo, cuyo espíritu no será jamás vencido. Y antes de salir de Euzkadi, protesto en su nombre ante el mundo del despojo que con los vascos se verifica en pleno siglo XX privándonos de nuestra Patria, a la que tenemos derecho por ser nuestra y porque la amamos entrañablemente. Y protestamos doblemente, porque para verificar el despojo ha necesitado el fascismo de fuerzas mercenarias y extranjeras y de elementos de guerra alemanes e italianos. Con absoluto descaro invocan nuestros enemigos el derecho de conquista. Lo negamos para siempre. El territorio habría sido conquistado; el alma del Pueblo Vasco, no; no lo será jamás.

Hemos obrado noblemente; nuestra conducta no ha variado ni siquiera a última hora. Hemos dejado intacto Bilbao y sus fuentes productoras. Hemos dado libertad a los presos con generosidad que es pagada por el enemigo con persecuciones y fusilamientos. Ningún despojo es imputable al Ejército Vasco.

El Pueblo Vasco mira al futuro con ilusión; su alma nos pertenece. Nuestra conducta es la suya. Volveremos a recobrar el suelo de nuestros padres para restaurar el idioma escarnecido, la ley ultrajada, la libertad arrebatada. ¿Qué prometió jamás el fascismo a Euzkadi? Nada, pues puesta su planta sobre Bilbao ha derogado no sólo la autonomía conquistada, sino hasta el Concierto Económico, viejo resto de libertades históricas que fue respetado hasta en los tiempos de la Monarquía. Protesto también de este postrer despojo, interpretando el sentimiento sordo del pueblo sojuzgado, a quien no se le permite hablar.

Mi pueblo emigrado tropieza con el mar, encontrándose ante un doble peligro. No quiero pensar que los pueblos amigos o enemigos han de permanecer en silencio. ¿Tan grave es que un pueblo defienda su libertad?

Pues por defenderla, por ser dignos de la Patria, centenares de miles de vascos pasan hoy momentos de angustia y privaciones. No quiero creer que del mundo ha desaparecido la sensibilidad.

El Gobierno Vasco sigue en su puesto, lo mismo en Euzkadi que donde quiera que se encuentre. El es el Gobierno legítimo de los vascos porque interpreta el sentir de una raza, que no ha sido vencida, sino temporalmente avasallada y ultrajada. Y el efecto de nuestros compatriotas les acompañará hasta el día de la victoria. (El presidente del Gobierno de Euzkadi, junio de 1937).

El antifranquismo

LA Huelga de Euzkadi, la mayor victoria conseguida por las fuerzas populares contra el régimen de Franco, acaba de terminar.

La orden de revuelta al trabajo ha sido transmitida por el Consejo de la Resistencia y por las tres organizaciones sindicales vascas. Llevados por su entusiasmo, algunos grupos continúan la huelga.

En nombre del Consejo de la Resistencia y de las tres organizaciones sindicales que acaban de comunicarle su decisión, el Gobierno Vasco pide a todos que se reintegren al trabajo, pues todos los objetivos previstos, tanto en el interior como en el exterior, han sido alcanzados y superados.

La opinión internacional ha acogido con satisfacción el hecho de que tras diez años de persecuciones, los demócratas vascos tengan aún la confianza de su pueblo. El orden y la disciplina de los trabajadores vascos sostenidos por todo el pueblo en su protesta pacífica contra la tiranía, han causado una impresión favorable en el mundo entero.

El Gobierno Vasco felicita a los patronos vascos que se han solidarizado con el trabajador oprimido. Esta actitud garantizará, en el porvenir, el clima de paz, tolerancia mutua y concordia social al que aspiran tanto el Gobierno Vasco como el Gobierno de la República, cuando la democracia triunfe, muy pronto, en la Península Ibérica. Para el Gobierno franquista la mayor derrota ha sido que, pese a la importancia del desafío vasco, no ha podido reaccionar calumniándonos con su «slogan» clásico del comunismo y ha preferido guardar un silencio oficial y temeroso ante la reacción internacional que, día tras día, ha seguido el movimiento de protesta con un perfecto conocimiento de los auténticos hechos.

Queda la cuestión de los detenidos, de las víctimas de represalias y de malos tratos, cuya importancia se quiere ocultar. Nosotros se la haremos conocer, en detalle, al mundo entero. En su favor, una amplísima ayuda internacional se está organizando para que tanto los que sufren como sus familias sean socorridos del modo más eficaz. Os aseguramos que no olvidaremos vuestro sacrificio, como nunca lo hemos olvidado antes.

No hemos hecho más que empezar. En un mismo espíritu de paz, con las mismas armas de la no violencia, demostrando por encima de todo nuestra capacidad cívica, sostenidos por la auténtica y manifiesta voluntad de un pueblo que controlamos, nos preparamos para manifestaciones de mayor amplitud en compañía, en un porvenir próximo, de todos los pueblos de España.

Adelante por la Libertad. (José Antonio de Aguirre, 1947).

La nostalgia

EL Pueblo Vasco ha hecho mucho más que sufrir, porque las penas pasadas y las que en el presente aquejan a sus hijos tienen una razón, una motivación, basada en la defensa de altos ideales, el primero de los cuales es la defensa de la libertad.

No somos los únicos que en el mundo han pasado por trances semejantes, ni seremos tampoco los que cerremos este capítulo de desdichas humanas. Al levantar nuestras banderas de libertad y justicia, en defensa contra una agresión que no podía tener justificación moral, continuamos la historia de nuestro Pueblo, poco propicio a soportar el yugo que impone la violencia.

Así fueron nuestros padres, y en nuestros días no hemos hecho otra cosa que seguir su ejemplo. Hubiese sido un contrasentido del que jamás podríamnos perdonarnos el haber roto, por adoptar una actitud de cobardía o de simple aquiescencia, el hilo de nuestra historia. Al contrario, la historia continúa y se perfecciona, porque nuestro Pueblo, con su conducta contemporánea, ha incorporado definitivamente al acervo cultural de toda la Humanidad, unos elementos positivos de pensamiento y de acción, una manera de reaccionar ante los problemas de la vida, que nos ha dado una peculiaridad definida que ha llamado la atención en amplios sectores humanos y muy principalmente cerca de los hombres que constituyen lo más selecto de la Humanidad.

El 18 de julio de 1936 se alzaron contra nosotros, sin que les hubiéramos provocado, gentes que enarbolaron para combatirnos banderas sagradas. Hablaron de patriotismo y lanzaron unos contra otros a los hijos del mismo pueblo. Hablaron de cristianismo y confundieron la paz evangélica, la caridad fraterna de Cristo, con el exterminio incluso del discrepante ideológico. Hablaron de progreso, de pan y de justicia, y han sumido a las muchedumbres que quieren vivir honestamente de su trabajo a una de las condiciones más humillantes y serviles que conoce el mundo contemporáneo.

Tienen en ello mérito fundamental las masas sociales organizadas que también dieron su respuesta negativa, no ya al atentado producido a su sentido de libertad como hombres, sino también a sus derechos incuestionables de reclamar y defenderse como masas trabajadoras organizadas.

Este conjunto de posiciones espirituales y prácticas ha constituido un hecho nuevo, por lo cual se llamó a nuestra posición el caso vasco. Esto es, nuestra manera de concebir la vida atemporal y la adecuación y relación racional entre lo espiritual y lo temporal, basado en ideales de humana fraternidad, y la manera de concebir el Gobierno de lo temporal contando siempre con la voluntad de los gobernados, es lo que ha dado singularidad y permanencia a nuestra acción.

Esta es la explicación de por qué a los veinte años de lucha nos podemos presentar unidos, mientras contemplamos el desgaste del tiempo que clava sus garras en el cuerpo de nuestros adversarios, cada día más atemorizados ante la desaparición inevitable del tambaleante artificio del Estado franquista.

Decir lo que hemos hecho en veinte años no es tarea fácil, y decir lo que hemos hecho bien y lo que hemos hecho mal, más difícil todavía. Convendrá, pues, que examinemos aquellos hechos más significativos, los que han podido llamar más la atención, los que por ser de mayor envergadura están en el recuerdo de todos, siguiendo en el relato un relativo orden cronológico que nos permita explicar sintéticamente cuál fue nuestro trabajo, cuáles han sido los resultados, cuáles fueron nuestras intenciones y propósitos, y cuál es el ideal que nos dirige hacia el futuro, con las perspectivas que él nos ofrece y las esperanzas que abre el porvenir.

Nuestra presencia aquí, al cabo de veinte años, tiene ese significado, y con ello testimoniamos ante todos que ni hemos desertado de la tradición ni queremos contradecir a nuestra historia, sino, antes bien, queremos ser un pueblo aferrado a los viejos materiales que tan abundantes nos legaron nuestros antepasados, pero al mismo tiempo un pueblo nuevo que se remoza cada día tomando lo mejor de cuanto nos rodea, acomodando a nuestra manera de ser lo actual y lo más moderno, logrando la síntesis, esa síntesis humana en la que reside la particularidad del caso vasco.

Somos un pueblo incorporado al mundo que viene, y no al que se fue, con la singularidad de que todos los fundamentos esenciales del pasado, basados en nuestra tradición democrática y social, nos sirven de excelente plataforma para dar cara a los problemas del día y pedir nuestra alta entre los pueblos preparados a comprender y a asimilar lo que el futuro nos anuncia. (Discurso de José Antonio Aguirre en el I Congreso Mundial Vasco, París, 1956).

ETA

Principios

Euzkadi ta Azkatasuna (ETA) es un movimiento revolucionario vasco de liberación nacional, creado en la resistencia patriótica e independiente de todo otro partido, organización u organismo.

ETA proclama que el pueblo vasco tiene los mismos derechos que asisten a cualquiera otro pueblo a su autogobierno y afirma que para la consecución de éste se deberán emplear los medios más adecuados que cada circunstancia histórica dicte.

La libertad de Euzkadi no constituye para ETA el interés supremo, sino el único medio realista de desarrollo y vigorización de la nación vasca en todos sus ámbitos.

ETA sostiene que si Euzkadi, con entera libertad, estima como más conveniente a sus fines y existencia, la cesión de diversos derechos a organismos u organizaciones supranacionales, así lo hará.

ETA considera que Euzkadi está integrada por las regiones históricas de Alava, Guipúzcoa, Laburdi, Navarra, Vizcaya y Zuberoa.

ETA, dentro del marco político, propugna para Euzkadi:

El establecimiento de un régimen democrático e inequívocamente representativo, tanto en el sentido político como en el socioeconómico y en el cultural, en orden a actualizar, en todo momento, los valores positivos del pueblo vasco.

La garantía cierta y efectiva de los derechos del hombre: libertad de expresión, libertad de reunión, libertad de sindicación, libertad de práctica de cultos y credos religiosos, etc., siempre que éstos no vengan a constituir un instrumento, bien sea destinado a atentar contra la soberanía de Euzkadi, a implantar en ella un régimen dictatorial (sea fascista o comunista) o a servir los intereses de grupo o clase (político, religioso, social o económico), vasco o extranjero. Las extralimitaciones de estos derechos no serán atajadas ni penadas por vía de censura previa.

La máxima descentralización en la estructuración de la sociedad política vasca, junto con el reconocimiento político-administrativo de los organismos de orden natural como son el municipio y la región.

La integración federalista europea siempre que ésta se lleve a efecto a la altura de las nacionalidades y mateniendo y actualizando, como única finalidad, la promoción política, social, económica y cultural del individuo y de los pueblos. Rechaza, por tanto, el europeísmo que pretende formar Europa en base a los actuales Estados, así como el europeísmo de intereses cuyo objetivo se cifra en las pervivencia de posiciones de privilegio y en la continuación de diversas formas de opresión de ellas derivadas.

La supresión progresiva de fronteras estatales en todo el mundo, por considerarlas antinaturales y perjudiciales al buen entidimiento y progreso económico y cultural de pueblos e individuos.

La organización de una campaña universal de retorno a la patria de los vascos diseminados por el mundo entero.

La repulsa del racismo y, por tanto, de los principios de superioridad legal de unos pueblos o razas sobre otros. No apoya, consecuentemente, la segregación o expulsión de los elementos extraños al país, en tanto éstos no se opongan o atenten contra los intereses nacionales de Euzkadi.

La condenación del militarismo y, por ende, la supresión de la organización militar existente en Euzkadi.

ETA manifiesta su aconfesionalidad y la propugna para la Constitución de Euzkadi. (Programa adoptado por I Asamblea de ETA, mayo de 1962).

La Iglesia y la cuestión vasca

UNO de los problemas que dañan más seriamente la convivencia ciudadana en el País Vasco y que afecta igualmente a la buena marcha de nuestra Iglesia diocesana, es el, así llamado, *problema vasco.* ¿En qué consiste dicho problema? Reduciéndolo a lo esencial, puede expresarse de esta manera: mientras unos grupos de ciudadanos, aunque con matices distintos, afirman la existencia de una opresión del pueblo vasco y exigen el reconocimiento práctico de sus derechos, otros grupos rechazan indignados esta acusación y proclaman que todo intento de modificar la situación establecida constituye un grave atentado contra el orden social.

Este problema, dentro de ciertos límites, entra dentro del campo de la misión evangelizadora de la Iglesia diocesana (...).

La Iglesia de Cristo es un signo visible y eficaz de salvación para todos los hombres. Pero la persona humana nace en un pueblo, recibe de él la lengua, la cultura, las tradiciones, en una palabra, su rostro espiritual. Las personas hacen a los pueblos; pero a la vez, los pueblos modelan, en gran parte, a las personas.

Cada pueblo es una muestra del poder inagotable de creación del espíritu humano.

Por eso la salvación, en cuanto liberación integral de la persona humana, es inseparable de la liberación del pueblo al que la persona pertenece. Porque los pueblos son una parte constitutiva de las personas que los forman. Una persona separada de su pueblo es como un árbol al que se han cortado sus raíces originarias.

La dimensión social y política de la salvación cristiana afecta no sólo a las personas, sino también a los grupos étnicos y a los diversos pueblos, en cuanto que son la expresión colectiva de una comunidad de personas humanas.

Así se explica que la Iglesia de Cristo, llamada a proclamar y a hacer presente la salvación en medio del mundo, anuncie y exija la liberación de los pueblos oprimidos.

«Reafirmamos —dicen los obispos en el Sínodo de 1971— el derecho de los pueblos a conservar la propia identidad». Y el Papa Juan XXIII, en su Encíclica, «La paz en la tierra», concretaba el contenido de este derecho:

«Hay que afirmar claramente que todo cuanto se haga para reprimir la vitalidad de las minorías étnicas, viola gravemente los deberes de la justicia» (...).

En ocasiones, los pueblos, o mejor dicho, las clases dirigentes de los pueblos que deciden sus destinos, pueden ceder a la tentación de sacrificar las características y valores peculiares del propio país a las ventajas que reporta el simple crecimiento económico.

Tal decisión, inspirada en el cálculo y en el provecho de unas clases dominantes, merece una clara desaprobación.

(...) Un pueblo que lo permitiera perdería con ello lo mejor de sí mismo y sacrificaría para vivir sus razones de vivir.

(...) El derecho de los pueblos a conservar su identidad incluye también la facultad de estar dotados de una organización sociopolítica que proteja y promueva su justa libertad y su personalidad colectiva.

(...) El pueblo vasco tiene unas características propias de tipo cultural y espiritual, entre los que destaca su lengua milenaria. Esos rasgos peculiares dan al pueblo vasco una personalidad específica, dentro del conjunto de pueblos que constituyen el estado español actual.

El pueblo vasco, lo mismo que los demás pueblos del estado español, tiene el derecho de conservar su propia identidad, cultivando y desarrollando su patrimonio espiritual, sin perjuicio de un saludable intercambio con los pueblos circunvecinos, dentro de una organización sociopolítica que reconozca su justa libertad.

Sin embargo, en las actuales circunstancias, el pueblo vasco tropieza con serios obstáculos para poder disfrutar de este derecho. El uso de la lengua vasca, tanto en la enseñanza, en sus distintos niveles, como en los medios de comunicación (prensa, radio, TV), está sometida a notorias restricciones. Las diversas manifestaciones culturales se hallan también sometidas a un indiscriminado control.

La Iglesia, para anunciar y hacer presente la salvación de Cristo, en esta situación concreta de la diócesis, tiene que exhortar y estimular para que se modifiquen convenientemente, conforme a los principios indicados en los documentos pontificios y conciliares, las situaciones en nuestro pueblo (...).

La alternativa KAS

Alternativa política de KAS para Euskadi Sur

Hoy, cuando se está dando un proceso de transición del régimen franquista hacia lo que parece prefigurarse como una democracia burguesa en el estado español, proceso lleno de vacilaciones y retrasos, llevado con enorme lentitud por quienes desde el poder no tienen ningún interés real en que se consume y llegue a su término, las fuerzas del KAS queremos presentar a Euskadi nuestro programa de alternativa para Euskadi Sur. Este programa configura, a través de unas exigencias mínimas de libertades democráticas y nacionales, el único marco que consideramos válido para el desarrollo de una dinámica de tipo democrático. Dicho programa, así como el organismo Unitario constituido sobre su base, han de ser sin duda unos eficaces cauces de aglutinación de las clases populares vascas para obligar a la oligarquía, con los medios que proporciona una lucha de masas combativa y radicalizada como la que existe en Euskadi, a ceder en sus posiciones actuales de tolerancia y permisibilidad para unos e ilegalidad y represión para otros.

Dicho programa de alternativa consta de los siguientes puntos:

1. Establecimiento de las libertades democráticas sin restricción alguna.
2. Amnistía total: libertad para todos los presos políticos y sindicales; regreso inmediato de todos los exiliados.
3. Disolución de cuerpos represivos (*BPS, PA, GC*), así como de las jurisdicciones especiales, y exigencia de responsabilidad a quienes más se han destacado en su labor represiva y criminal sobre nuestro pueblo.
4. Adopción de medidas para mejorar las condiciones de vida y trabajo de las masas populares —y especialmente de la clase obrera—. Satisfacción de sus aspiraciones sociales y económicas inmediatas expresadas por sus organismos representativos.
5. Reconocimiento de la soberanía nacional de Euskadi, lo que conlleva su derecho, su deber y su poder para determinar

con entera libertad su futuro nacional, incluida la opción a constituir un estado propio.

6. Establecimiento inmediato, y a título provisional, de un régimen de autonomía para Euskadi Sur. Este Estatuto será elaborado en el seno del organismo unitario de alternativa que se propugna en este documento y recogerá cuantas iniciativas proponga nuestro pueblo. Aunque no olvidamos los estatutos de período republicano creemos que tal estatuto debe responder a la realidad actual de Euskadi y a los avances logrados en nuestra lucha nacional, y, por tanto, debe, entre otras reivindicaciones:

6.1. Surtir efecto en Euskadi Sur, es decir, en las provincias de Nafarroa, Araba, Bizkaia y Guipuzkoa, bajo administración española en la actualidad.

6.2. Disponer de un elevado nivel de autonomía en lo ejecutivo, legislativo y judicial en lo que concierne a los aspectos más importantes de la sociedad vasca, en los órdenes económico (hacienda, finanzas, industria, agricultura y comercio), social (trabajo, sanidad, vivienda), de infraestructura (comunicaciones, transportes, obras públicas, fuentes de energía), de orden interior, defensa, relaciones exteriores y organización de educación y de la cultura.

6.3. Instaurar el bilingüismo en todo Euskadi Sur, prioritando el euskara hasta que desaparezcan las secuelas de una larga opresión lingüística y cultural. Desarrollo de la cultura nacional a todos los niveles.

6.4. Adoptar medidas culturales destinadas a estrechar los lazos que unen, por encima de las fronteras estatales, a las poblaciones de Euskadi Norte.

6.5. Adoptar medidas económicas que garanticen un proceso de control de la economía democrático y antioligárquico, poniendo ésta al servicio del pueblo vasco (nacionalización de sectores básicos de la economía, socialización del suelo urbano e industrial...).

6.6. Consolidar el proceso de adaptación entre las poblaciones nativa e inmigrante en orden a la construcción de la nueva sociedad vasca. Todos los ciudadanos, independientemente de su origen, poseerán los mismos derechos fundamentales.

6.7. Favorecer una democracia sindical autónoma y directa

en la que los trabajadores gestionen sus propios órganos de representación.

6.8. Promover una gestión democrática autónoma y directa de las comunidades locales.

7. Constitución en el marco de tal Estatuto, de un Gobierno Provisional integrado por las fuerzas democráticas vascas que deseen participar en él y que respeten las libertades y principios aquí expuestos. Este Gobierno estará presente en nombre de Euskadi Sur en el seno de los órganos del Poder Central que surjan tras la derrota del fascismo y triunfo de la democracia. Euskadi Sur reconocerá al Gobierno Provisional Central y a la nueva Constitución que se promulgue a nivel estatal, siempre y cuando estos garanticen el respeto de los principios y libertades aquí expuestos, así como los que exijan el resto de las nacionalidades bajo el estado español.

8. Poco o nada de las reinvidaciones y libertades anteriores puede conseguirse mediante la negociación burocrática con los gobiernos reformistas de la Monarquía Juan Carlista. KAS entiende que la consecución de las aspiraciones democráticas y nacionales aquí expuestas sólo puede realizarse mediante un proceso de lucha popular que mine y rompa con cualquier fórmula que signifique la continuidad del fascismo y del poder oligárquico, pues son necesariamente contrarios a los intereses del pueblo vasco y represores de sus aspiraciones. Así lo atestiguan los numerosos asesinatos impunemente cometidos desde la muerte de Franco en nuestro pueblo pueblo, tanto con la exacerbación de las torturas, de las detenciones y los atentados y, en suma, del régimen de terror. KAS propone en consecuencia que el organismo unitario que se postula seguidamente se instale como organismo de lucha, potenciando las movilizaciones populares y obreras hasta el derrocamiento de la dictadura y la consecución de nuestras aspiraciones.

KAS, estima que las reivindicaciones y principios anteriores tendrán cierta semejanza con las que puedan hacer el resto de las nacionalidades oprimidas bajo el estado español. En este sentido, promoverá una política de alianza con ellas, en orden a la reivindicación conjunta de las libertades democráticas y nacionales para todos los pueblos del estado español.

KAS, que hace extensiva esta propuesta de alternativa a todas las organizaciones políticas y organismos de masas que operan en Euskadi Sur, hace constar su voluntad de constituir, con todos aquellos con quienes coincidamos en las líneas maestras de dicha alternativa, un Organismo Unitario que plasme la alternativa democrática y nacional ante el fascismo.

KAS se compromete a desarrollar y concretar los puntos de esta alternativa, elaborando propuestas pertinentes que serán sometidas al Organismo Unitario que se postula. (EHAS, ETA (PM), y las organizaciones obreras LAB y LAK, Irún, noviembre de 1976).

El patriotismo clerical

Aquí en esta iglesia vacía no estamos solos. Nos acompañan miles y miles de euskaldunes identificados con las ideas y sentimientos y la lucha de José Miguel. Este espacio está frío y vacío solo aparentemente. Está lleno de luchadores por una Euskal Herria independiente, reunificada, socialista y euskaldun. Tampoco estamos solos porque aquí hay alguien que nos acompaña y nos comprende perfectamente en este momento dramático, pero también histórico, del asesinato de nuestro hijo, hermano y compañero entrañable José Miguel. Dios es perfectamente humano y amigo de los hombres. Dios es el buen samaritano que comprender y ayuda en el drama de la vida y la muerte. Dios es el padre del hijo pródigo, que solo sabe perdonar, ir a nuestro encuentro, abrazarnos y entendernos. Dios es Jesús mismo perdonando a la mujer adultera y a decenas de pecadores públicos. Dios no es justo. Dios sólo es misericordioso, lleno de ternura y debilidad por el hombre. Dios es el mejor padre y la mejor madre que hayan podido pasar por este mundo. Yo estoy totalmente convencido de que Dios ha recibido perfectamente a José Miguel y le ha aceptado sin ninguna reserva.

Para mí es un consuelo saber que José Miguel ha hecho de una forma privilegiada historia de Euskadi y ha influido decisivamente en la historia de nuestro Pueblo. El ya es un capítulo de la historia vasca. Su paso por esta vida no ha sido vacío, inútil. Ha dejado en nuestra comunidad nacional una huella importante, por su gran inteligencia, por su enorme lucidez mental, por la llamativa limpieza de su vida. José Miguel ha sido sin duda uno de los vascos más importantes de estos últimos años y esto, en medio de la dramática tragedia de estos momentos, es un consuelo y es un estímulo.

Incluso la lucha armada, con sus enormes contradiciones como toda obra humana, no es ajena a Dios y al Evangelio de Jesús. Jesús mismo vivió personalmente esta cuestión, El perteneció a un pueblo pequeño de una enorme conciencia nacional, pueblo de larga historia de nacionalismo, siempre a la defensa desesperada de su identidad nacional, de su soberanía siempre en peligro. Jesús vivió la ocupación de su pueblo por el romano extranjero y fue testigo y actor de los esfuerzos de liberación nacional, tenaces y frecuentes de la nacionalidad hebrea.

Junto al problema nacional Jesús vivió a fondo la cuestión social. Tomó partido por los pobres, los excluidos, los enfermos, los muertos, las viudas, los niños, los pecadores públicos. Es decir, por aquellos que tenían absoluta necesidad de liberación. Qué estupendo que Dios mismo haya asumido en Jesús los mismos problemas nacionales y sociales en que se debate nuestro pueblo. Aparentemente José Miguel no tenía nada que ver con la religión y la Iglesia, pero sólo aparentemente. Yo estoy convencido de que José Miguel vivió intensamente los valores más fundamentales del Evangelio de Jesús. No los vivió, ciertamente, de forma religiosa y eclesial, pero sí laica y militantemente.

Los valores del Evangelio son los de la crítica, la justicia, la libertad, la liberación, la consecuencia hasta la muerte misma. Y José Miguel se identificó con las ideas y los valores básicos del Evangelio. En estos días José Miguel se ha identificado con la muerte de Jesús que no fue una muerte religiosa, sino un asesinato político a manos del poder militar de ocupación. A Jesús no le acusaron de blasfemo, de renovador religioso, sino de perturbador político. "Si no le matas no eres amigo del César" le dijeron los judíos a Pilatos. Y también "Este lo perturba y subleva todo desde Galilea hasta Jerusalén". Dios a través de Jesús ha experimentado en su propia carne lo que es la persecución policial, la detención, la tortura y el asesinato. El Dios de esta religión ha pasado por las experiencias humanas más drásticas y difíciles que puedan vivirse.

En este sentido, merece la pena dejarse orientar en esta vida por los valores que para ese Dios son importantes. Con la liquidación de José Miguel vivimos hoy un trauma terrible, pero no nos dejemos robar la esperanza y el valor, porque la lucha en que ha caído nuestro gudari Argala tendrá éxito y conseguiremos ese Euskadi independiente, reunificado, socialista y euskaldun, una de cuyas etapas históricas ha vivido José Miguel con la máxima intensidad posible. La recuperación nacional y social de nuestro pueblo será posible porque todos tenemos hombres como él. El los habrá hecho posibles.

Que el Dios que se comprometió personalmente en la larga historia de recuperación de su propio pueblo nos comprenda, nos estimule a la lucha, nos aliente con la fuerza de su valores fundamentales, nos acoja y nos perdone como ha acogido y aceptado a nuestro hijo, hermano, compañero y gudari José Miguel». (Homilía en el funeral del etarra Argala, 24 de diciembre de 1978).

El PNV y la Constitución

ABSTENCIÓN es decir sí a la Democracia, sí a Euskadi, no al Estado Centralista.

Sólo aquellos partidos que han defendido los derechos propios de Alava, Guipúzcoa, Navarra y Vizcaya en la Constitución, están capacitados, ahora, para dar su juicio sobre qué tenemos que hacer en el referédum cuantos vivimos en el País Vasco.

Aquellos partidos del estado que, en el momento de discutir la Constitución, han negado nuestros derechos, que no vengan ahora al País Vasco a decirnos qué debemos hacer.

El PNV en todo momento defendió el punto de vista de cuantos habitamos en el País Vasco.

Y exigió el reconocimiento expreso y terminante de los derechos de autogobierno, propios y originarios de las cuatro regiones vascas, sin los cuales se dificulta grandemente la solución de las cuestiones políticas, económicas y sociales de cuantos vivimos en Euskalerría.

Exigió un marco autonómico amplio con devolución de los Conciertos Económicos arrebatados a Guipúzcoa y Vizcaya en 1937.

Defendió los actuales Conciertos de Alava y Convenio de Navarra, mediante el reconocimiento expreso de la actual foralidad de estas regiones en la Constitución.

Otros partidos del Estado no aceptaron estos mínimos porque en sus programas no es prioritario el punto de vista del Pueblo Vasco. En consecuencia, los derechos de Alava, Guipúzcoa, Navarra y Vizcaya, que son anteriores a la Constitución, para ellos son secundarios. ¿Qué derecho moral tienen a pedirnos ahora el sí?

Sólo el Pueblo Vasco puede dar un criterio vasco sobre la Constitución.

Los derechos del Pueblo Vasco no están presentes en la Constitución. El Pueblo Vasco tampoco estará presente en las urnas. Abstención.

Partido Nacionalista Vasco. Pide tu abstención. (*Norte Expres,* Vitoria, 24 de noviembre de 1978).

El techo de 1979

SEÑOR presidente, señores y señores senadores, señor ministro, hace cuarenta y tres años tuve el honor, el 1 de octubre de 1936, de emitir mi voto, como diputado a Cortes, en favor del Estatuto vasco que se aprobó en aquella fecha.

Estábamos en guerra, era un Estatuto que nació en la guerra y para la guerra. Yo quiero hoy votar este Estatuto como senador con la convicción de que voy a votar un Estatuto para la paz. Y hemos de trabajar todos, especialmente los vascos, para que este Estatuto sea el Estatuto de la paz.

(...) Se suele invocar el patriotismo para ir en contra de las Autonomías. Señores, el patriotismo no es una doctrina ni una tesis; el patriotismo es un sentimiento que impulsa al hombre a buscar el bien de la comunidad y a sacrificarlo todo por la patria. Pero este patriotismo no nos dice que es más patriota el Estado unitario de la tradición jacobina del siglo XIX que la tradición verdaderamente federal que representó la Monarquía española en los siglos de su grandeza.

(...) Aquí se ha hablado (no hubiera querido tratar de estas cosas porque el tema es demasiado grande para entrar en detalles) de la actuación de ETA para fundamentar el voto contrario al Estatuto vasco. Tengo que recordar que ETA lleva diecisiete años funcionando; catorce bajo el régimen del General Franco y tres bajo el régimen actual, y que todavía no se ha aprobado el Estatuto de Autonomía ni se ha formado el Gobierno vasco. El día que se elija el Parlamento vasco, y se nombre el Gobierno autónmo vasco, a partir de ese momento se podrán poner en el «debe» de los vascos esas y otras actuaciones; pero antes, no. ETA no ha necesitado de la Autonomía para actuar. En un Estado unitario, centralizado al máximo, es cuando ha desarrollado toda su acción.

(...) Hemos pedido en el Estatuto vasco el máximo de funciones y facultades que creemos que señala la Constitución. Hemos llegado al techo. No sé si en algunas controversias o discusiones en algunos puntos nos hemos quedado en el ático, pero por nuestro deseo creo que hemos llegado al techo (...).

Señores, estamos hablando de un Estatuto de Autonomía dentro de la Constitución, dentro de la unidad del Estado; no estamos hablando de una guerra de independencia, porque para eso no vendríamos a este Parlamento. Estamos —y es tradicional en el Grupo del Partido Nacionalista Vasco— luchando y defendiendo una autonomía. Todos los hombres evolucionan y todos los pueblos evolucionan con el tiempo. ¿Y por qué no han de evolucionar los vascos si se encuentran a gusto en una nueva estructura del Estado? ¿Quién puede decir «a priori» que no hay posibilidad de evolución?

Nosotros tenemos desde la época de Sabino Arana un objetivo político en el que hemos trabajado sin descanso. Sabino Arana señaló en 1902 como objetivo político la autonomía lo más radical posible dentro de la unidad del Estado, adaptada al carácter vasco y a las necesidades modernas. Hace casi ochenta años. Y ahí estamos trabajando y actuando. Vamos a defender una autonomía dentro de la unidad del Estado. Esta es la realidad de nuestra aspiración y todo lo que sea sospechar otra cosa es absurdo. El día que los vascos decidan otro camino —y eso dependerá mucho de todos ustedes y del Estado— lo dirán noblemente. No dirán una cosa para hacer otra.

Y no quiero terminar sin rendir un homenaje a Su Majestad el Rey. Yo voté el Estatuto con la República, siendo presidente de la República don Manuel Azaña. Voy a votar hoy el Estatuto con la Monarquía parlamentaria, al frente de ella Su Majestad el Rey don Juan Carlos I. Yo creo que interpreto al pueblo vasco cuando rindo este homenaje a Su Majestad el Rey, que ha sido el motor de la libertad en nuestros pueblos, el motor de la convivencia pacífica, el motor del progreso democrático y, además, el motor de las Autonomías. Me parece de justicia rendir este homenaje a Su Majestad el Rey. (Discurso del senador Jáuregui en la aprobación del Estatuto, *Diario de Sesiones del Senado,* 12 de diciembre de 1979, págs. 1413-1415.)

El castigo de la disidencia

La organización terrorista ETA Militar hizo ayer público un extenso comunicado en el que, al atribuirse el asesinato de la ex militante María Dolores González, *justifica* los motivos de dicho asesinato. Entre otras cosas, el comunicado dice:

«ETA, organización socialista, revolucionaria, vasca, de liberación nacional, asume la responsabilidad de la ejecución de María Dolores González Cataráin, *Yoyes,* colaboradora de los planes represivos del Estado opresor español y traidora al proceso de liberación nacional que el pueblo trabajador vasco lleva a cabo. La traición ha de ser medida por el pueblo vasco en función de su colaboración, tanto policial como política, con los planes genocidas que las fuerzas de ocupación del Estado opresor español desarrollan en Euskal Herria bajo las directrices de los poderes fácticos y en la ejecución de la servil social-democracia española representada por el PSOE.

Los pasos dados por el Gobierno opresor español y sus colaboradores en la política de arrepentimiento, eufemísticamente llamada de reinserción social, han sido conducidos en todo momento a abrir fisuras en los sectores más vulnerables del movimiento de liberación nacional vasco... La traición y el chantaje ejercidos por María Dolores González Cataráin a nuestra organización nacional vasca no es sino un paso más en el profundo abismo de la capitulación que el arrepentimiento supone.

El proceso de liberación nacional del pueblo vasco es, hoy, irreversible, y el PSOE y los poderes fácticos intentan retrasar cierto tiempo la inevitable victoria del pueblo trabajador vasco, organizado en torno a su movimiento de liberación nacional, dispuesto a luchar por la recuperación de su soberanía nacional y a comenzar la tarea de reconstrucción nacional.

La oferta de la negociación política en base a la alternativa táctica de KAS es la única solución viable que puede conducir al armisticio en el momento presente al Estado opresor español y al pueblo vasco y a sentar los fundamentos que conduzcan a nuestro pueblo a la recuperación de sus derechos históricos y a la consecución de sus objetivos estratégicos de los que ninguna vergonzosa traición podrá apartarlos.» (*El País,* 12 de septiembre de 1986.)

La convergencia nacionalista

«DOCUMENTO de autodeterminación del Parlamento vasco.»

El Parlamento vasco proclama:

1. Que el pueblo vasco tiene derecho a la autodeterminación. Este derecho reside en la potestad de sus ciudadanos para decidir libre y democráticamente su estatus político, económico, social y cultural, bien dotándose de un marco propio o compartiendo, en todo o en parte, su soberanía con otros pueblos.

2. Que el ejercicio del derecho a la autodeterminación tie-

ne como finalidad la construcción nacional de Euskadi. En tal sentido, la construcción nacional es un proceso dinámico, gradual y democrático, integrado por el conjunto de decisiones, incluidas en su caso las de carácter plebiscitario, que el pueblo vasco vaya adoptando a lo largo de su historia atendiendo a los condicionamientos internos o externos de la coyuntura histórica, sus posibilidades reales y de interés de los vascos.

3. Que el Estatuto de Autonomía, resultado de un pacto refrendado libremente por la ciudadanía vasca, constituye un punto de encuentro de su voluntad mayoritaria y el marco jurídico del que la sociedad vasca se dota en un determinado momento histórico para acceder al autogobierno y regular la convivencia pacífica, representando, en consecuencia, la expresión legítima de la propia voluntad del pueblo vasco. En tal sentido, la estrategia estatutaria y la profundización en el autogobierno a través del pleno y leal desarrollo de todos y cada uno de los contenidos del Estatuto representan para los ciudadanos vascos el marco válido para la resolución progresiva de los problemas de la sociedad vasca, así como para avanzar en la construcción nacional de Euskadi.

4. Que siendo el pueblo vasco el titular del derecho a la libre determinación, con sus instituciones representativas, según la organización política existente, y en particular el Parlamento vasco, en cuanto depositario de su soberanía, los únicos legitimados para impulsar su ejercicio. En tal sentido, la legitimidad de todas las ideas políticas, expresadas democráticamente, tiene en el marco parlamentario la vía de defensa y, en su caso, de incorporación al ordenamiento jurídico de cualquier revindicación.

Por tanto, este Parlamento esta legitimado para promover y definir las iniciativas que tuviesen por objeto hacer posible la consecución de las aspiraciones de los ciudadanos vascos, planteando, en su caso, las reformas de todo tipo que considerase oportunas, de conformidad con los procedimientos establecidos al efecto. (Vitoria, 15 de febrero de 1990.)

El postnacionalismo

Jon Juaristi

Entre la lengua y la nación la relación existente es tan arbitraria como la que existe entre un signo lingüístico y su referente. A ello hay que añadir que salvo en el caso de Islandia, no existen comunidades nacionales lingüísticamente homogéneas. Hablar de lengua nacional es, en el mejor de los supuestos, un abuso evidente del lenguaje. La lealtad lingüística a que todo nacionalismo invita, podrá ser a menudo un sentimiento encomiable, pero con no menor frecuencia suele tratarse de un empecinamiento suicida. Checoslovaquia y Hungría produjeron antes de 1939 excelentes obras literarias en alemán. La diabolización de la lengua alemana después de 1944, y la erradicación por decreto de aquella —que si fue la lengua de Hitler fue también la de Goethe y la de Thomas Mann— provocó un empobrecimiento sin precedentes de la vida cultural y académica de estos países. La deslealtad lingüística, la *extraterritorialidad,* puede ser a veces la opción más aconsejable para un escritor, e incluso para una comunidad étnica en su conjunto. La misma búsqueda de un orden universal subyacente a la diversidad aparente de las instituciones, que guía a los científicos sociales, es lo que ha animado desde los tiempos de Goethe a los estudios de literatura comparada. Si resulta absurdo el concepto de «lengua nacional», lo es más el de «literatura nacional», que el nacionalismo exaltó como una suerte de utopia de la lengua.

Pero es más importante que todo esto, para la superación de los nacionalismos culturales la difusión de los nuevos medios de comunicación audiovisual. McLuhan pronosticó la disolución de los nacionalismos en una *aldea global* a causa del impacto de los medios electrónicos. Lo cierto es que estos desempeñan una función análoga en la formación del postnacionalismo a la que cumplió la imprenta en la época de emergencia de los nacionalismos. La televisión, la radio, los ordenadores, etc..., han favorecido la aparición de culturas trasnacionales neocorporativas. Las comunidades científicas, literarias, la cultura del deporte, del rock, etc..., se sustentan en afinidades y solidaridades que rebasan toda frontera nacional. Estas nuevas formas de socialización tienen sus aspectos positivos y negativos, pero no es el momento de entrar en ello (...)

Quizá en este escenario sobrevivan ciertas formas de vinculación nacional. Después de todo, no es probable que la cultura postnacionalista colme la radical deficiencia del ser humano, o calme la angustia que brota del saberse portador de un deseo sin objeto. Las solidaridades nacionales, como las religiosas, podrán seguir aliviando a millones de individuos del peso de la conciencia de la muerte. Pero la suerte del nacionalismo político está echada, y le aguarda el porvenir de toda ilusión. Solo me resta concluir con aquel versículo de Jeremías que Renan puso al final de su carta a Strauss del 8 de mayo de 1887: «He aquí cómo las naciones se cansan por la nada, se extenúan en beneficio del fuego». Del fuego de Heráclito, por supuesto. (Volumen VIII del Aula de Cultura de *El Correo Español-El Pueblo Vasco,* en edición de José Manuel Azcona y Elena Mariezcurrena, Bilbao, 1990.)

INDICE ONOMASTICO

INDICE